基礎から学ぶ

情報処理

改訂版

榎原博之 編著

培風館

執筆者紹介

本 村 康 哲　　関西大学文学部（1.1 節，1.3 節）

鈴木三四郎　　関西大学名誉教授（1.2 節）

榎 原 博 之　　関西大学システム理工学部（2 章，3 章）

平 田 孝 志　　関西大学システム理工学部（4 章）

河 野 和 宏　　関西大学社会安全学部（5 章）

清 光 英 成　　神戸大学国際人間科学部（6 章）

伊 藤 信 也　　関西大学非常勤講師（7 章）

山 本 慶 介　　関西大学法学部（8.1 節）

川 中 達 治　　関西大学非常勤講師（8.2 節）

徳 永 佳 子　　関西大学非常勤講師（8.3 節）

勝 久 晴 夫　　大阪大学知的基盤総合センター（9 章）

改訂版まえがき

　本書の初版が発行されて 10 年近く経った。この間，地上波アナログ放送が停波し，フェイスブックやツイッターが普及し，クラウドサービスがあたりまえになった。特に，スマートフォンやタブレットがめざましい発展を遂げた。いまではモバイル機器による動画視聴があたりまえになっている。スマートフォンやタブレットの高性能化と無線ネットワークの高速化にともない，これらがあれば何でもでき，パソコンの普及率はかえって下がっているように思われる。そのため，ユーザのコンピュータリテラシーは低下し，標的型攻撃などに代表されるセキュリティ脅威や，情報倫理の欠如，著作権などの法律に関する知識の乏しさがますます重要な問題となってきている。

　これらのことをふまえ，改訂にあたっては全面的な見直しを行った。今回の改訂版では，5 章「情報のセキュリティ」と 8 章「法制度と情報処理」を大幅に内容を充実させるとともに，9 章「知的財産権と情報処理」を付け加えた。また，4 章「コンピュータネットワーク」と 6 章「データベースシステムと情報検索」が全面的に書き直されている。さらに，1 章「計算から情報処理へ」では，1.1 節に「計算の変遷」を追加し，情報処理の歴史をコンピュータ登場以前から俯瞰できるようにした。

　めまぐるしく発展するディジタル社会において，本書がその根底となる教養を身につけるうえでの一助になれば幸いである。最後に，本書の発行にあたって，培風館の岩田誠司氏に大変お世話になった。ここに記して厚くお礼申し上げる。

　2017 年 9 月

著者を代表して
榎 原 博 之

初版まえがき

　現在，コンピュータや，ゲーム機，携帯電話などの情報機器はあらゆるところで使われている。情報を自動的に処理する，あるいは人間が情報を処理することを手助けする機械は，われわれにとってなくてはならないものとなっている。今，流行の薄型テレビやハードディスクレコーダなどは，画像を処理するディジタル情報機器である。最近では，情報を処理するだけでなく，情報通信を行うことができる機器も普及してきている。現在のコンピュータではネットワーク（インターネット）に接続していないものはほとんどない。携帯電話も単に音声通話だけではなく，メールやインターネットへの接続が可能となっている。ゲーム機やディジタルテレビもインターネットに接続できるようになってきている。その他の家電製品でもインターネットに接続できるものが増えてきている。たとえば，インターネットに接続できる電子レンジや冷蔵庫などが開発されている。

　コンピュータに限っても，インターネットに接続するための情報通信機器の色合いが濃くなっている。インターネットは普及して 10 年以上が経ち，普及期から発展期に進もうとしている。現在のウェブは，ブロードバンドの普及に伴い，テキスト中心であったものからカラフルな画像や音声中心のものへと進化を遂げ，最近では，動画投稿サイトや VOD（Video On Demand）システムのように動画コンテンツが脚光を浴びている。その他にも，ブログ（更新が容易な日記風ウェブサイト）や RSS（ウェブサイトの見出しや要約，更新情報などを簡単にまとめ，配信するための仕組み），SNS（参加者が互いに友人を紹介しあって，新たな友人関係を広げることを目的に開設されたコミュニティ型のウェブサイト）などの新たな技術の進展が見られる。さらに，生活や社会のあらゆるところにコンピュータが組み込まれ，コンピュータ同士が自立的に連携して，人間がコンピュータを意識することなく，コンピュータの機能を利用できる情報環境，いわゆるユビキタスコンピューティング環境なども，今後注目される技術となっていくであろう。

　本書は，このような情報通信技術の進展を背景にして書かれたもので，大学における情報処理の入門書と位置付けることができる。いわゆる情報リテラシーを解説したものではなく，情報処理技術の背景や社会現象に注目して，さまざまな分野でコンピュータや情報ネットワークがどのような役割を演じているかについて幅広く理解を深めることを目的としている。そのため，「情報処理の歴史と技術」，「情報処理の倫理と法」，「情報処理の応用と発展」の3部構成となっており，どの章からでも読み進められるように配慮されている。

　特に，理工系だけでなく，文科系も含めた大学生，短大生，専門学校生を対象にした教養自然科学分野の情報処理に関する科目の教科書を想定して平易に書かれているので，文科系の学生にも十分理解できる内容である。2003年度から高校で情報科の授業（「情報A」，「情報B」，「情報C」）が始まっており，本書はそれに続く「情報D」の教科書と位置付けることができると考える。読者にとって，情報処理技術の仕組みだけでなく，その背景や社会的側面にまで理解を深め，情報処理技術の可能性と限界を認識するために役立つものと期待している。

　本書の発行にあたって，培風館の斉藤淳氏，山本新氏，北村浩司氏に大変お世話になった。ここに記して厚くお礼申し上げる。

　2009年1月

著者を代表して

榎 原 博 之

目　　次

7. 情 報 倫 理

1

計算から情報処理へ

　私たちの便利な生活を支えているスマートフォンやパソコンはコンピュータの一種である。これらは，数値，文字，音声，静止画，動画等の情報を2進法で表現して入力し，電子回路で加工して出力する情報機械である。

　今日のコンピュータは多様な機能をもち，急速に私たちの生活を変化させてきた。その昔，コンピュータとは手作業による計算を専門的に行う人間のことをさしていた。1940年頃に電子回路で構成された計算機械が開発されて以来，計算機械のこともコンピュータというようになった。そして，コンピュータを使った計算処理は「情報処理」とよばれるようになった。コンピュータが普及するにつれ，社会のあらゆる問題に対し，情報処理によって解決する方法が模索されてきた。しかし，現代においてもコンピュータの内部で行われていることの本質は"計算"であることに変わりはない。

　この章では，計算を人間の手作業から機械で自動化するまで，コンピュータの登場から発展まで，そして計算機械としてのコンピュータが情報機械として現在の姿になるまでの変遷について概観してみよう。

1.1　計算の変遷

　コンピュータ（computer）の語源は，「指で数える」という意味のラテン語 *computare* である。そして，中世ヨーロッパではキリスト教の復活祭の日取りを算定するための暦計算を *Computes paschalis* とよんだ。19世紀頃，電子計算機が登場する以前の computer は，筆算や計算尺を使って手作業で計算を行う計算人あるいは計算手のことをさしていた。この人間 computer は，電子計算機が登場した後の1960年代以降もなお，航空宇宙開発などの高度な計算を要する現場において重要な役割を果たした。

1

1.1.1　数の表記

　現在，多くの国で計算に用いられている数表記は**インド・アラビア数字**[1]である。しかし，人類は最初からこの数字で計算を行っていたわけではない。日本では明治期まで**漢数字**を用いていたし，西ヨーロッパでは**ローマ数字**を用いていた（表1.1）。

表1.1　数の表記

インド・アラビア数字	1	2	3	4	5	6	7	8	9	10
漢数字	一	二	三	四	五	六	七	八	九	十
ローマ数字	I	II	III	IV	V	VI	VII	VIII	IX	X

インド・アラビア数字	50		100		500		1000	
漢数字	五十		百		五百		千	
ローマ数字	L		C		D		M	

※ 1000 以上は地域と時代によって表記が異なる

　インド・アラビア数字が使用され始めたのは 15 世紀頃から，本格的に普及するのは 16 世紀から 17 世紀頃のことである。さらにさかのぼる古代ローマ時代には，人々は両手の指を使って 1 から 1 万まで数えていた。このときすでに計算盤と計算玉[2]からなる**算盤**（そろばん）が使用された痕跡がみられる（図1.1）。

1.1.2　指による計算

　ローマ文明の衰退後，ローマ式の指による数の表現が西ヨーロッパに伝わったのは，8 世紀頃の聖職者ビード（Saint Bede）を通してである。ビードは復活祭の日曜日を算定するための書物『時の計算について』のなかで，指による数え方を説明しており（図1.2），指を使った位取りによる計算方法が述べられている。

---

[1]　今日使用されている 0 から 9 の文字による数の表現のこと。インドで発明され，アラビアに渡った後，西洋で変形された。いわゆるアラビア数字。本書ではインド・アラビア数字と表記する。

[2]　calculi：小石，コインのようなもの。

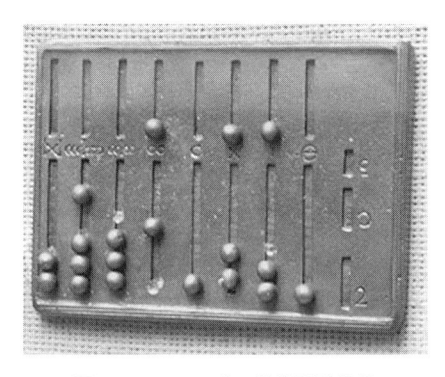

図1.1　ローマ式の携帯型計算盤
（出典：Wikimedia Commons　https://commons.wikimedia.org/wiki/File:RomanAbacusRecon
.jpg　By Photographer : Mike Cowlishaw（aus der englischen Wikipedia）[CC-BY-SA-3.0]）

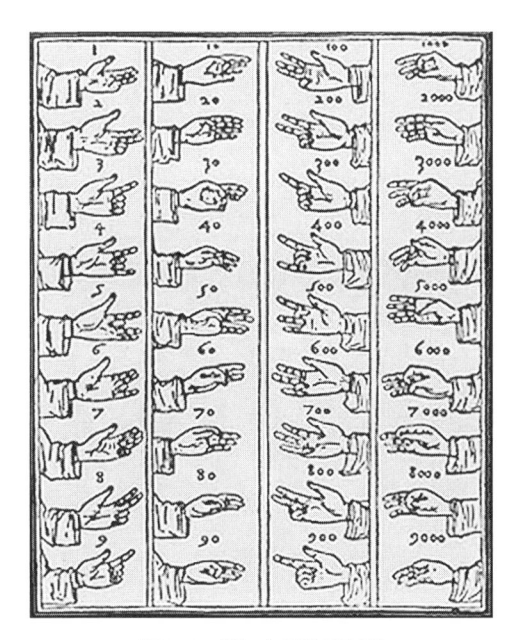

図1.2　指による数の表現
（出典：Luca Pacioli, "Summa de Arithmetica, geométrica, proportioni et proportionalita"
（1949）[パチョーリ著「算術・幾何学・比および比例全書」] より引用）

　12世紀には，イタリア人数学者のフィボナッチ（Leonardo Fibonacci）が『算盤（計算）の書』を出版し，指による計算術とともにインド・アラビア数字の利用を提唱している。しかし，指は複雑な計算には適しておらず，西ヨーロッパ人は主に算盤を使用した。

1.1.3　数 の 記 録

　指による数の表記はさまざまな文化の中でみられるが，指による表現はすぐに消えてしまうものであり，情報を定着させるためには何らかの方法で書き留めておかなければならない。このため，古くから数の記録方法として符木（tally stick）が用いられた（図1.3）。符木とは，木の棒に刃物で印をつけて数を記録し計算を行うための器具であり，あらゆる地域と時代において，農民や商人が取引を記録する帳簿として使用されてきた。イングランドにおいては，12世紀頃から1826年頃まで国家財政の公式記録として割符[3]が使われた例がある（図1.4）。

　初期のローマ数字は，符木の記号をもとに古代ローマ時代につくられ，外国の文字を取り入れながら，段階的に多様なローマ数字の異形がつくり上げられてきたと考えられている。その後，ローマ数字は西洋の修道院を経て知識層に

図1.3　符　木

（出典：Wikimedia Commons　https://commons.wikimedia.org/wiki/File:SAM_PC_1_-_Tally_sticks_1_-_Item_02.jpg（Swiss Alpine Museum 所蔵）［CC BY 3.0]）

---

3)　1本の木片を2つに切り裂いて，一対の主木（stock）と副木（foil）に取引を記録したもの。債権者は主木を，債務者は副木を保持し，支払や納品とともに2本を突き合わせて決済を完了させる。

図 1.4　13 世紀頃のイングランドの割符

（出典：Wikimedia Commons　https://commons.wikimedia.org/wiki/File:Medieval_
tally_sticks.jpg　By Winchester City Council Museums（Flickr）[CC BY-SA 2.0]）

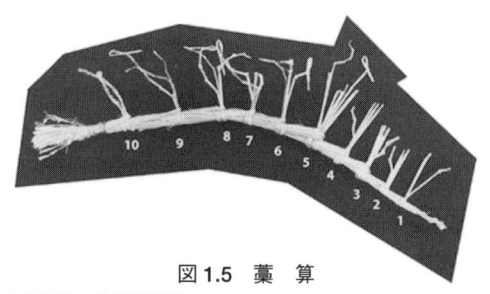

図 1.5　藁　算

（出典：沖縄県立博物館・美術館所蔵　http://www.museums.pref.okinawa.jp/museum/
topics/detail.jsp?id＝951 より転載）

浸透していくが，大きな数を表すのには文字数が多くなりすぎて不便であった。また，複雑な計算にはむいていなかった。それにもかかわらず，使用文字が西ヨーロッパ言語のアルファベットに似ていることから長らく使用された。16 世紀にインド・アラビア数字が庶民の間に普及してもなお，文書に荘厳な印象を与えるためにローマ数字が用いられていた。

　この他，文字をもたなかった庶民の間で数字を記録・計算する方法として，琉球諸島で用いられた**藁算**や，古代ペルー・インカ帝国の公的記録にも用いられた**キプ**（quipu）などのように，紐の結び目で数を表現する結縄が世界中の各地でみられる（図 1.5）。

1.1.4　算盤とインド・アラビア数字による計算

　ローマ数字は位取りがないことから計算には適しておらず，当時の西ヨーロッパでは，計算盤と計算玉を使った算盤に依存していた。初期の算盤では位

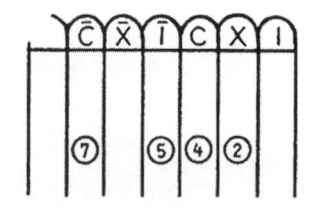

図 1.6　修道院式算盤による数表現。数を記した計算玉アペックスを用いて，705,420 を表現している。アペックスの数字は現代の表記。

（出典：Karl Menninger, "Zahlwort und Ziffer : Eine Kulturgeschichte der Zahl"（Second edition），Vandenhoeck & Ruprecht（1958），図 123 より引用）

取り記数法[4]によって計算を行っていたが，あいかわらずヨーロッパ人は使い慣れたローマ数字を表記に使用し続けた。計算時に算盤の表記に置き換え，計算が終わるとまたローマ数字で表記された。こうして長らくローマ数字と算盤は併用されていたが，その後，算盤のほうはローマ文明衰退後の 500〜1000 年の間，西ヨーロッパで利用された形跡がみられなくなる。なお，現在判明している最古の算盤は，ギリシアのサラミス島で発見された紀元前 300 年頃のものである。

　1000 年頃，ローマの修道院において，フランス人のジェルベール（Gerbert：後のローマ教皇シルヴェステル 2 世）が西ヨーロッパで忘れ去られていた算盤を復活させる。この修道院式算盤は，ローマ時代の計算玉ではなく，インド・アラビア数字が記された石**アペックス**が用いられた（図 1.6）。このとき，インド・アラビア数字が初めて西ヨーロッパに出現したといわれている（図 1.7）。また，9 世紀頃にイスラム世界から持ち込まれたインド・アラビア数字による計算法（**筆算**）は"*algorithm*"とよばれ，現在では問題解法の手順を表す言葉として定着している。

　中世後期（13 世紀から 17 世紀）の西ヨーロッパでは，修道院式算盤の使用をやめ，再びシンプルな計算玉を使った算盤を利用するようになる（図 1.8）。当時の算盤は，木製の机の上に計算盤をあつらえた計算机，あるいは計算布の上に計算玉を置いて計算を行った。なお，このころから算盤の線は縦から横に変更されている。そして，計算することを意味する「アバカスする：to abacus」

---

4)　たとえば 10 進数の場合，1 の位が 10 になったとき，10 の位に 1 を記録して 1 の位を 0 にする方法のこと。

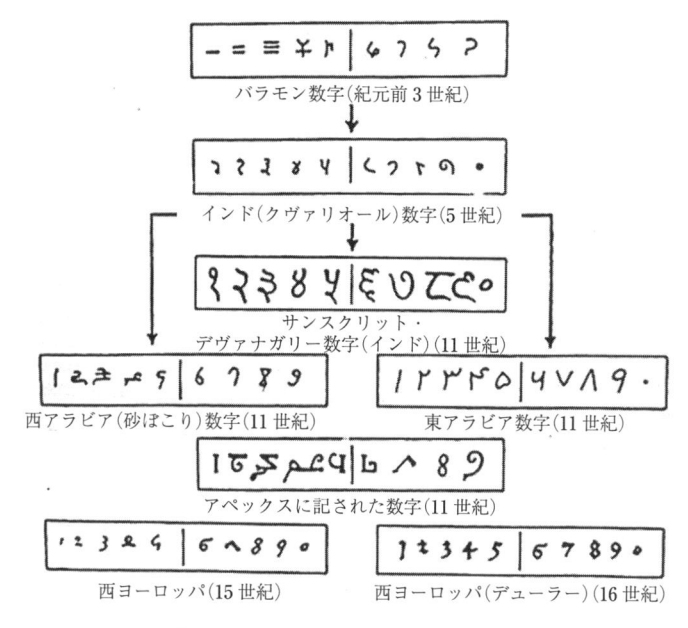

バラモン数字(紀元前3世紀)

インド(クヴァリオール)数字(5世紀)

サンスクリット・
デヴァナガリー数字(インド)(11世紀)

西アラビア(砂ほこり)数字(11世紀)　　　　　　東アラビア数字(11世紀)

アペックスに記された数字(11世紀)

西ヨーロッパ(15世紀)　　　　　西ヨーロッパ(デューラー)(16世紀)

図1.7　インド・アラビア数字の変化

(出典：Karl Menninger, "Zahlwort und Ziffer : Eine Kulturgeschichte der Zahl"(Second edition), Vandenhoeck & Ruprecht(1958), 図202より引用)

図1.8　筆算と算盤の対決(1504年)

(出典：Wikimedia Commons　https://commons.wikimedia.org/wiki/File:Houghton_ Typ_520.03.736_-_Margarita_philosophica.jpg　By Gregor Reisch / illustrator unidentified [Public domain])

という動詞までつくられた。

1478 年にイタリアでインド・アラビア数字による計算法と算盤を用いた計算法の教科書が初めて出版された。また，このころのイタリアでは数学者のパチョーリ (Pacioli) が『算術・幾何学・比および比例全書』を出版したが，まだ数を指で数える方法を図示している。この一節で**複式簿記**の方法を簡潔に解説した『計算及び記録詳論』は，19 世紀にいたるまで各国語に翻訳され出版され続けた。

16 世紀初頭には，計算法に関する書物がドイツで活版印刷を用いて次々と出版される。ここにきてようやくローマ数字での表記からインド・アラビア数字による表記へと転換が起こりはじめた。そして，筆算と算盤による計算術が西ヨーロッパで急速に普及していくことになる。

算盤は日常生活のさまざまな場所で使用された。修道院，政府，役所，商人の事務室において，復活祭の日の算定，国の財務状況，税金計算，資産管理，商売の会計処理，さらに，交易 (十字軍とハンザ同盟) によって拡大した通貨交換の計算に用いられた。

計算玉が串刺しになっている算盤の起源は明らかではない。一説では，溝に計算玉を置くローマ式算盤が中国に到達した後，改良が加えられたといわれている。そして，16 世紀に初めて日本に紹介され，1970 年代に**電卓**が普及するまで，独自の発展を遂げる (図 1.9)。かつて日本では，初等教育において「読み，書き，そろばん」といわれるくらい，基礎教育の根幹をなすものであった。なお，計算玉が串刺しになっている算盤は，日本，中国の他に，ロシアのシュチェットにみられる (図 1.10)。

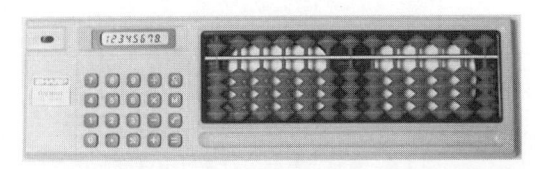

図 1.9　算盤から電卓へ。過渡期の日本の電卓付き算盤
(出典：電卓博物館　http://www.dentaku-museum.com/calc/calc/1-sharp/
6-sorocal/sorocal.html より転載)

図1.10　ロシアの算盤：シュチェット
（出典：Wikimedia Commons　https://commons.wikimedia.
org/wiki/File:Schoty_abacus.jpg［public domain］）

1.1.5　数量化の発展

中世初期の西ヨーロッパ人がもっていた数に対する概念は，数そのものが神秘的な意味をもつものであり，現実世界を数量的に理解しようとするものではなかった。たとえば，6は神が宇宙を6日で創造したため聖なる数（完全数：約数の和を足し合わせるとその数になる）であり，指で数える際には「指輪をするに値する指」である薬指を折る，といった具合である。

11世紀頃，教会や聖職者では解決しきれない諸問題を解決するための知識人が増加し，都市部で大学が成立しはじめた。大学では**スコラ学者**が数量を取り扱わない数学や論理的思考を発展させた。まだ演算（＋ － × ÷ ＝）や平方根（$\sqrt{\ }$）などを表す記号はなく，スコラ学者は数に関する議論を叙述的な文章で記述していた[5]。

13世紀頃から西ヨーロッパの人口が急増し，新たな領土や交易の機会を求めてイスラム圏との通商が盛んになると，モノに価格をつけて貨幣で決済する**貨幣経済**や貸し借りの計算を行う**計算貨幣**が流通するようになる。こうして一般庶民の間ではインド・アラビア数字の普及とともに，数量的なとらえ方が普及していった。

1.1.6　機械式時計の出現

修道院や教会では一定時刻に祈祷を行うことが重要な日課であったため，天

5）　また，古代ギリシア，ローマ，アラビアの古文書の整理や聖書の分析をとおして，今日書物に標準的に備わっている目次，見出し，引用文献リスト，相互参照のシステムや，書物をアルファベット順に並べる方法など，現在の文献作成や整理のもととなる手法を編み出した。

図 1.11 ストラスブール大聖堂の塔時計（写真は 1838-1843 年に再建されたもの）
（出典：Wikimedia Commons https://commons.wikimedia.org/wiki/File:Strasbourg_
Cathedral_Astronomical_Clock_-_Diliff.jpg Photo by DAVID ILIFF [CC BY-SA 3.0]）

体が観測できない荒天時においても時刻を正確に算定する必要があった。13
世紀頃まで，西ヨーロッパでは時間を測るのに水，砂，水銀などの流体や，ろ
うそくの燃焼を使っていたが，これらの方法は長い時間を刻むことは困難で
あった。日付と時刻は，太陽，月，星の位置を**アストロラーベ**[6]とよばれる天
体観測機器を使って観測し，算盤を使って算定していた。

　その後，10 世紀頃に中国で作られた**機械式時計**のうわさが西ヨーロッパに
伝わり，13 世紀後半に**脱進機**[7]が発明され，機械式時計が出現した。初期の機
械式時計は巨大で高価なものであり，優れた機械工の技術と数学の知識が必要
であった。1352 年から 1354 年にかけて製作された**ストラスブール大聖堂**の塔
時計は，時計だけでなく，自動式天文時計，万年カレンダー，カリヨン[8]，か
らくり人形が付属している（図 1.11）。当時の時計はもっとも複雑な精密機械で
あり，時間と暦を計算する一種の計算機のようなものであった。

---

6) 太陽や恒星の位置から日付と時刻を換算する一種の計算機。
7) 一定の振動が規則正しく持続する仕組みをもった機構。機械式時計から聴こえるチクタク音は
　脱進機が動いている音である。
8) 複数の鐘を組み合わせて音程を構成し，メロディを演奏することができる。

1.1.7 暦の計算

先にも述べたように，キリスト教徒にとって復活祭はもっとも重要な行事である。325年にニカイア公会議[9]で決定された復活祭の日は，春分日以降の満月後の最初の日曜日と定めて日取りを算定することであった。これを**暦算法**（ラテン語で computus，英語で computation）とよび，中世におけるもっとも重要な計算のひとつであった。紀元前45年に採用された**ユリウス暦**は，地球が太陽の周りを1周する日数を365.25日とする太陽暦であったが，1年間に約−11分の誤差があった。その誤差は13世紀頃には10日ほど蓄積され，春分の日が3月11日となって実際の天文現象と暦とのずれが大きくなっており，聖職者たちは復活祭の日を定める計算に頭を悩ませていた。このため，1582年10月にグレゴリオ13世が**グレゴリオ暦**を制定した。グレゴリオ13世は，まず1582年10月の日数を10日分削除し，1年の平均に数を365.2425日として，400年間に97回のうるう年をおくことにした。グレゴリオ暦は，実際の天文現象と比較して年間26.821秒の誤差であり，ユリウス暦よりも精度が高い。以後，今日に至るまで全世界で使用されている。日本では，明治維新後の旧暦1872年2月2日に導入され，新暦1873年1月1日とした。

1.1.8 計算の簡便化と自動化

17世紀に入っても，一般の人たちにとって乗除算はインド・アラビア数字を用いる筆算でも難しいものであった。その理由として，ヨーロッパではかけ算表（**九九表**）の暗唱が困難だったことがあげられる。このため，スコットランドのネピア（J. Napier）は，1617年『計算棒術』という書で計算棒（**ネピアの骨**，**ネピア棒**）を使った簡便な乗除算の方法を提案した（図1.12）。ネピア棒は九九表が仕込まれていて，計算の際には棒を取り出して並べ替え，斜め方向に数値を足し合わせるだけで乗算が可能となっている。この計算棒はその後も使いやすいように改良されて，18世紀まで広く用いられていた。

この後，1623年にはドイツのテュービンゲン大学の**シッカート**（W. Schickard）が，ネピアの計算棒を使って初めて自動計算機を制作した。この計算機は6桁×1桁の加減算と乗算ができ，乗除算をネピア棒で，加減算を歯

---

9) キリスト教会の全体会議。

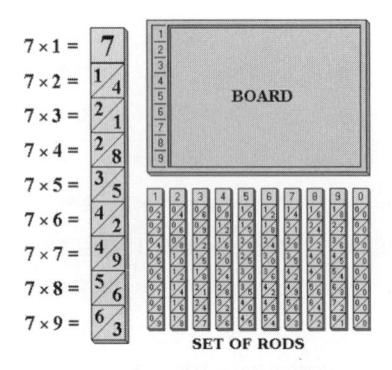

図 1.12　ネピアの計算棒
（出典：Wikimedia Commons　https://commons.wikimedia.org/wiki/File:Bones_of_
Napier_(board_and_rods).png　By Maksim［CC BY-SA 3.0］）

車で計算した。当時，複雑な機械は時計くらいしかなかったため，「計算する
時計」とよばれた。シッカートの計算機は 4 台製作されたが，1618 年から
1648 年の 30 年戦争で現物が焼失したといわれ，スケッチしか残っていなかっ
たが，1960 年にスケッチをもとに復刻レプリカが作成されて，実際に動作す
ることが確認されている（図 1.13）。

　なお，現存する最古の計算機械については，1901 年にギリシアのアンティ
キテラ島で発見された「**アンティキテラ島の機械**」がある（図 1.14）。紀元前

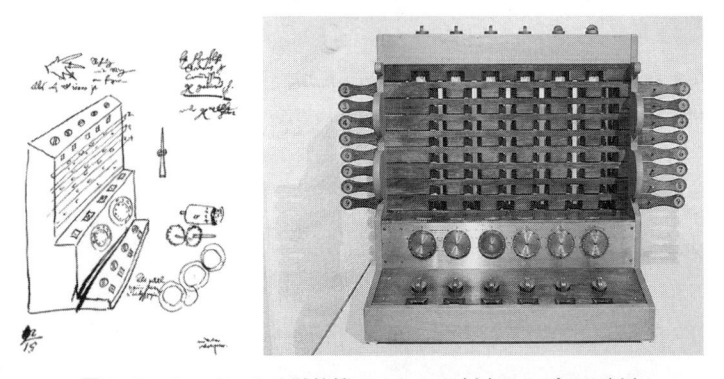

図 1.13　シッカートの計算機のスケッチ（左）とレプリカ（右）
（出典：Wikimedia Commons　（左）https://de.wikipedia.org/wiki/Wilhelm_
Schickard#/media/File:Rechenmaschine_wilhelm_schickard.png［Public domain］，
（右）https://de.wikipedia.org/w/index.php?title=Datei:Schickardmaschine.jpg
By Herbert Klaeren［CC BY-SA 3.0］）

図 1.14 アンティキテラ島の機械
（出典：Wikimedia Commons https://commons.wikimedia.org/wiki/File:NAMA_
Machine_d'Anticyth%C3%A8re_1.jpg［GFDL, CC BY-SA 3.0 or CC BY 2.5］）

150 年から 100 年前の古代ギリシア時代に製作されたと推定されており，最古の計算機という主張もある．機械に使われている歯車の工作精度は 18 世紀の時計と比較しても遜色がないもので，当時の技術水準の高さがうかがえる．この機械は日食を予測し，古代オリンピックの日を計算できた．現在も調査と研究が継続中で，新たな発見が期待されている．

1.1.9 対数の発明

17 世紀当時の天文学では，観測した膨大なデータを分析し，天体の軌道を計算して**星表**[10]を作成する作業を行っていた．ティコ＝ブラーエ（Tycho Brahe）をはじめとする天文学者は，この計算に三角関数の公式を用いて乗算を加算に変換する方法を用いていた．さらに計算を簡単にする方法を求めて，スコットランドのネピアは 20 数年の研究の末，1614 年に『驚くべき対数の法則の記述』で**対数**を発表した．そして，1617 年には**ブリッグス**（H. Briggs）がより使いやすく改良を加え，1000 までの**常用対数**を 14 桁まで計算して発表した．対数という人工的な数の発明は，桁数が多い実数の乗除算の計算手順を簡易化したのである[11]．

その後，1624 年にはイギリス人の天文学者**ガンター**（E. Gunter）が対数を

---

10) 星の性質を記した一覧表．航海で六分儀や数表とともに自分の船の位置を求める際に使用する．

11) $\log(xy) = \log(x) + \log(y)$，$\log(x/y) = \log(x) - \log(y)$を利用して，乗算を加算，除算を減算で行うことができる．

図1.15　ガンターの対数スケールの一部
(出典：Ephraim Chambers, "Cyclopædia : or, An Universal Dictionary of Arts and Sciences"
(1728)より引用)

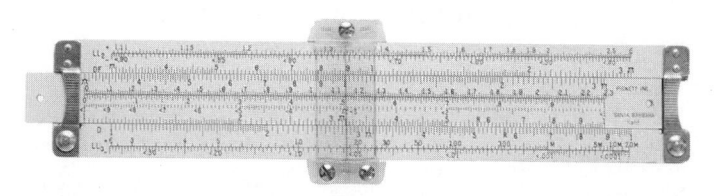

図1.16　1960年代のアポロ計画で宇宙飛行士が使用した計算尺 Pickett NS600-ES
(出典：ⓒ2003-2017 International Slide Rule Museum　http://www.sliderulemuseum.com/
Pickett/Pickett_N600ES_Buzz_Aldrin_Apollo11_July_1969.jpg を転載)

使った対数尺を(図1.15)，1633年に**オートレッド**(W. Oughtred)が2本の尺
をスライドさせる**計算尺**を作成し，1657年に**パートリッジ**によってさらに改
良がくわえられた。計算尺はその後何度も改良されながら，**電卓**が普及する
1970年頃までの300年以上の長きにわたって，科学者，技術者，学生が個人
で所有できる計算器具(道具)であった。1960年代に有人月面着陸をめざした
アポロ計画においても，宇宙飛行士たちが計算尺を船内に持ち込んでいる(図
1.16)。

　以上，計算の変遷についてみてきた。有史以前より人間は，種々の目的の計
算を手指と算盤で行うと同時に，さまざまな計算方法と道具を開発してきた
が，汎用的な計算の自動化には至らなかった。対数表や三角関数表などの複雑
な計算を要する数表作成も手作業で行っていたが，それは知的重労働であり，
また結果の間違いも多かった。動力による自動計算機械の実用化は，18世紀
後半に起こった産業革命以後に発展する機械工学，電気工学，電子工学の登場
を待たなければならなかったのである。

1.2 コンピュータの登場

　コンピュータとは日本語では"電子計算機"であり，後で述べるように，その特性としてはプログラムによる自動逐次計算を行う機械をさす。このコンピュータの歴史は浅く，わずか1世紀くらいである。しかし，第2次世界大戦後からの技術発展はすさまじく，その進歩・発展は現代の社会生活とともにある。こうしたなか，あらゆる分野でコンピュータが使用・応用され，コンピュータなしでは生活ができないといっても過言ではない。

　なお，本節で述べるコンピュータの発展に関しては，その論理素子別に分類され，それぞれ「世代」と称されているが，しかしこの分類は必ずしも確立されているものではない。

1.2.1 コンピュータ誕生に至るまで

　古来より人間は計算を行う場合，何の道具もない時代には手足の指を使い，さらに石または棒などを利用してきた。後に中国で発明された算盤は画期的な計算道具であり，現在日本でも広く使用されている。

　中世に入ると，各国の海外への進出がはじまった。当時の交通手段は船舶が主であり，その安全な航海のためには，星座の位置の観測と関連した天文学の寄与が大きかった。こうしたなか，フランスの数学者パスカル（Blaise Pascal）が1642年に歯車を用いた加減算可能なディジタルの機械式計算機を考案した（図1.17）。それは手動による8桁の計算が可能であった。ここで，**ディジタル**（digital）の語源は手足の指を表す"digit"であり，このディジタルは物理量の

図1.17　パスカルが考案したディジタル歯車計算機（写真提供：IBM）

図1.18　バベジが制作した階差機関（写真提供：IBM）

数値である。

　その後，産業革命を経て種々の計算機が開発された。なかでも，イギリスの数学者バベジ（Charles Babbage）が各種の数表を作成するために階差機関を考案し（図1.18），後に，種々の関数表の計算が可能な解析機関に発展させ，逐次計算結果から数表を作成した。このころに，計算用プログラムの原型ができたといわれている。

　アメリカのホレリス（Herman Hollerith）は，フランスのジャカール（Joseph M. Jacquard）が製作した機織り機に用いられたパンチカードをヒントに開発したタビュレーティングマシンを採用して，1890年に実施された国勢調査の集計作業を短期間で終らせた。これまで7年を要していたものを2年に短縮したのである。さらに，ホレリスは商業用の会社を設立し，この会社は1924年に現在のIBM社[12]と改名された。

　イギリスのチューリング（Alan M. Turing）は，1936年に数学基礎論で懸案となっていた"計算の可能性"の概念をモデル化するためのチューリングマシンを提唱し，現代のコンピュータの数学的モデルに影響を与えた。

　第2次世界大戦中の1943年，ハーバード大学のエイケン（Howard Aiken）

---

12)　International Business Machines Corporation

は，IBM 社との共同開発により自動逐次制御計算機 **Mark I** を完成させた。しかし，この計算機には電気リレーが使用されていたために演算の実行には限界があった。

一方，情報伝達に関して，1948 年シャノン(Claude E. Shannon)は，エントロピーの概念を用いて情報量を定量的に扱えるようにした。これに基づき，通信路の通信量について考察した結果，「情報理論」が確立された。

1.2.2 第1世代コンピュータ(1946 頃から)

この第1世代の前の 1939 年，アタナソフ(John V. Atanasoff)とベリー(Clifford E. Berry)は，真空管を使用した計算機の試作機を完成させた。これは **ABC**[13] とよばれ，世界最初の電子計算機といわれている。しかし，このABC は汎用性に乏しかった。

1946 年にペンシルベニア大学のエカート(John P. Eckert)とモークリ(John W. Mauchly)は，電気リレーに代わる真空管を使用したコンピュータ **ENIAC**[14] を 10 年余りの研究の末に完成させた。このコンピュータ(図 1.19)に使用された真空管は 18,800 個，抵抗は 7,000 個，その消費電力は 150 kW であった。大きさに関しては，長さ 100 フィート(約 30 m)，高さ 10 フィート(約 3 m)，奥行き 3 フィート(約 90 cm)，総重量 30 トン，占める面積は

図 1.19　世界初の本格的な真空管式コンピュータ ENIAC(写真提供：日本ユニシステム)

---

13)　Atanasoff-Berry Computer
14)　Electronic Numerical Integrated and Calculator

165 m² で，現在のコンピュータと比較して，（特に真空管の多さには）想像を絶するものであった。しかし計算速度に関しては，従来の電気リレーを使用したコンピュータよりも数千倍も速く，円周率の計算にも貢献し，約 10 年間使用された。ただ，このコンピュータの素子が真空管であったために信頼性が乏しいこと，さらに，プログラミングがプラグボードに対する配線であったために大変手間がかかること，という欠点があった。

　こうしたなか，プリンストン大学高等研究所の数学者ノイマン（John von Neumann）は，コンピュータの中に記憶装置を設けることにより，プログラムを記憶させ，必要に応じてそれを逐次読み出して実行するという**プログラム内蔵**（stored program）方式の理論を提案した。このプログラム内蔵方式は**ノイマン型コンピュータ**といわれ，現在のコンピュータはほとんどこれに属するものである。（ノイマン型コンピュータに関しては 3 章において詳細に記述されている。）　一方，この理論はソフトウェアの概念の誕生にもつながった。

　最初にプログラム内蔵方式を実装したコンピュータは，イギリスのケンブリッジ大学で 1949 年に開発された **EDSAC**[15] である。一方，エカートとモークリにノイマンが加わり，ペンシルベニア大学では 1952 年に **EDVAC**[16] が開発された。その後，エカートとモークリは UNIVAC 社を設立し，商業用の大型コンピュータ **UNIVAC**[17] の開発に着手した。UNIVAC は 1951 年に完成し，一部の機関等で使用され，コンピュータ産業の先駆となった。

1.2.3　第 2 世代コンピュータ（1958 年頃から）

　第 1 世代で使用された真空管は信頼性に乏しかったことから，この世代では，半導体である**トランジスタ**が素子として使われるようになった。そして，記憶装置としては磁気ドラム・磁気コアが使われた。一方，プログラミング言語に関しては，これまでの数字の組合せによる機械語・アセンブリ言語の作成には多大な時間と労力を費やしていたことから，より簡便に利用・作成できる種々のコンパイラ言語が開発された。いわゆる高級言語とよばれるものである。

　この時期には，先の商業用コンピュータが一般の市場に出回りはじめたが，

---

15)　Electronic Delay Storage Automatic Calculator
16)　Electronic Discrete Variable Automatic Computer
17)　Universal Automatic Computer

まだまだ高価なものだった。真空管にとって代わったトランジスタは，全般的には優れ，電力の消費削減にはつながったが，しかし計算速度が飛躍的に伸びたものではなかった。

一方，日本では，日本電気，日立，富士通がそれぞれ，**NEAC，HITAC，FACOM** という名称の汎用コンピュータを製作した。しかし，このときにはまだ日本語システムが整備されていなかったために，日本語が使えずアルファベットに頼らざるをえなく，日本語システムの開発が待たれた。

1.2.4 第3世代コンピュータ(1964年頃から)

この世代では，IBM システム/360 の開発とともに，トランジスタに代わり**集積回路 IC**[18]が素子として使用されるようになった。上記に示したように，コンピュータとしては確立されたが，国内の省エネルギー化と関連し，消費電力の削減，信頼性の向上と小型化，加えて高速処理が要求されるようになった。コンピュータの性能が上がったことで，これまでの連続処理のバッチシステムから外部からの即時処理のリアルタイムシステムが可能になり，航空機や電車の座席の予約，銀行の預貯金，在庫管理，工場のオートメーション化に利用された。さらに，通信にも応用されるようになった。このように多様化が進むにつれて，より大規模・高速処理の必要性が高まってきた。

1979年には，国内において初の日本語処理システムの開発がなされ，日本語が使えるようになった。

ところで，この IC の時期から**大規模集積回路 LSI**[19]に移行した時期を，第3.5世代と称することもある。

1.2.5 第4世代コンピュータ(1980年頃から)

この世代ではマイクロプロセッサが使用され，**超大規模集積回路 VLSI**[20]に発展し，メモリの拡張，演算処理の高速化，高性能化が図られた。その結果，超大型の**汎用コンピュータ**および**スーパーコンピュータ**(スパコン)が開発された。これらのコンピュータの使用例としては，気象の予測，核融合・航空機の

---

18) Integrated Circuit
19) Large Scale Integrated Circuit
20) Very Large Scale Integrated Circuit

表 1.2　コンピュータの世代とその特徴

年　代	世　代	素　　子	メモリ	その　他
1945 年頃 〜 1958 年頃	第 1 世代	真空管	真空管 水銀遅延メモリ 磁気ドラム	(第二次世界大戦終了) 機械語 アセンブリ言語
1958 年頃 〜 1964 年頃	第 2 世代	トランジスタ	磁気コア	コンパイラ言語
1964 年頃 〜 1980 年頃	第 3 世代 第 3.5 世代	集積回路(IC) 大規模集積回路 (LSI)	磁気コア IC メモリ	(東海道新幹線開通) (東京オリンピック開催)
1980 年頃 〜	第 4 世代	超大規模集積回 路 (VLSI)	LSI メモリ	超大型汎用コンピュータ スーパーコンピュータの出現 ニューロコンピュータ

シミュレーション，巨大構造物の構造・振動解析，信号・画像処理，大規模システム解析などがある。このころになると，コンピュータが一般社会に普及し，大学・大企業のみで使用されるものではなくなりつつあった。

　こうしたなか，通信機能の高度化と，RAS(信頼性 Reliability，有用性 Availability，実用性 Serviceability)機能の強化が図られ，信頼性の高いコンピュータをどのように使用し，応用するかということを検討するなかから，やがてパーソナルコンピュータ(パソコン)の出現，同時にダウンサイジングにつながることになる。

　以上に述べた第 1 世代から第 4 世代のコンピュータの発展時期の主要な特徴を表 1.2 にまとめる。

1.2.6　次世代コンピュータ

　すでにノイマン型コンピュータは確立され，今後の素子としては超高密度集積回路が考えられている。たとえば，ジョゼフソン(Josephson)効果を利用した**超伝導素子**が回路に使用されるなど，研究段階で試みられているものには，

　　① 超格子素子，② 三次元回路素子，③ 耐環境強化素子

などがある。さらに，量子力学の原理を用いた**量子コンピュータ**も出現し，試されている。

　一方で，**非ノイマン型コンピュータ**の開発も行われている。より単純に演

算・処理できるようにすることが目標である。たとえば，自然言語に近いワードプロセッサ，図形・画像処理，コンピュータに人間の知的活動をさせる人工知能（AI：Artificial Intelligence）などがある。さらには，人間の頭脳をもたせたニューロコンピュータ（Neuro Computer），超並列コンピュータも考えられている。コンピュータネットワークの技術は非常な勢いで発展したために，その利用の需要が増えて社会全体に広がり，結果として利用者も増え，実用化されてきた。さらに，パソコンが安価となったことから個人でも手軽に入手でき，性能も上がってきたことから，膨大なデータおよびそれらを含む複雑な計算と処理の迅速性をともなわない限り，パソコンでも処理可能となってきた。飛躍的にコンピュータの利用者が増加しているなか，一方で，携帯電話，スマートフォン，タブレットなどはコンピュータの一翼を担ってきたことから，「誰でも，何時でも，何処でも，何にでも」ネットワークにつながるコンピュータ社会が形成されてきている。今後，ますます情報化社会が拡大されるなか，人間がコンピュータを作っていることを常に念頭におき，決してコンピュータに使われるのではなく，使うものであるということを認識しておくべきである。

1.3　コンピューティングの変遷

　コンピューティングとは，コンピュータを利用する行為をさす。コンピュータが出現して以来，人々はその未来像にさまざまなイメージを描いてきた。来るべき将来は，計算処理だけでなく，さまざまな問題を人間に代わって解決する「思考する機械」としての役割が期待された。その一方で，人間の思考や作業を支援する道具としての役割も研究され，多くのハードウェアとソフトウェアが開発された。現在のコンピュータの利用形態はその結果である。本節では，今日に至るまでに先人たちが描いたコンピュータを利用する姿について概観し，その後に次世代のコンピューティングについてみていこう。

1.3.1　コンピューティングの萌芽

　1930 年代にチューリングは万能機械としてチューリングマシンを定義し，将来は人間と同等の知能をもつことを期待した。その後，さまざまな種類の電

子計算機が出現しはじめた 1950 年代頃から，コンピュータは人間の代わりに判断を行う「機械仕掛けの脳」として描かれてきた。コンピュータは未来社会の象徴であったが，一般の人々にとっては見たこともない空想世界の装置であったに違いない。実際のところ，そのころのコンピュータは計算するだけの機械にすぎなかった。その一方で，軍事兵器としての可能性が追求されていた。

　第 2 次世界大戦後，アメリカ合衆国とソビエト連邦共和国は冷戦体制下にあり，お互いに核兵器を突きつけあいながらにらみ合っていた。アメリカでは，核爆弾を搭載して領土内を高速で進入してくる爆撃機を打ち落とすための迎撃兵器を必要としていた。このとき，兵器を「人間-機械混成システム」としてとらえ，人間が行う作業をコンピュータによって支援する方法についての研究が行われた。その結果として，大型汎用コンピュータを利用した **SAGE**[21] が開発された(図 1.20)。このシステムは弾道ミサイル技術の進歩によってすぐに時代遅れとなったが，1960 年代に **SABER**[22] として継承されることになる。このような，人間を含めた機械システムを開発する過程で**サイバネティクス**という学問が生まれた。サイバネティクスでは，人間も機械のひとつと考え，その振る舞いについて生理学，心理学，機械工学，通信工学，制御工学を融合した学

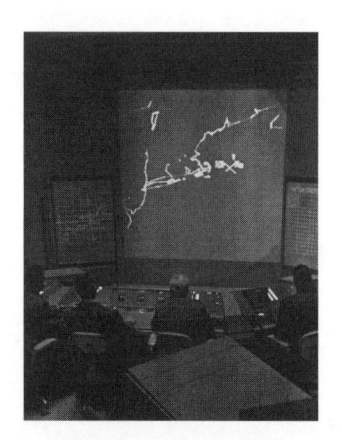

図 1.20　SAGE 制御室
（出典：Wikimedia Commons　https://commons.wikimedia.org/wiki/File:SAGE_
control_room.png［Public domain］）

---

21)　Semi-Automatic Ground Environment：半自動航空管制システム。
22)　Semi-Automated Business Research Environment：航空機座席予約システム。

際的研究として取り組まれていた。

　このころは，商業面ではコンピュータはまだまだ高価な時代であった。オフィスではせいぜい手回し式の計算機があるのみで，電卓はまだ普及していなかった。コンピュータは，潤沢な資金をもつ軍組織や大学および研究所くらいにしか設置されていなかったのである。研究者たちにとっても，コンピュータは神棚に祭られていた神であり，それにアクセスするためには"神官"であるオペレータに依頼をしなければならなかった。

　このようにコンピュータの利用は始まったが，一般の人々にとってはまだ非日常の未来技術であり，ごく一部の研究者が利用するだけのものであった。

1.3.2　コンピュータとの対話

　1940 年代には，ENIAC をはじめとする汎用コンピュータがつぎつぎと姿を現しはじめていた。それまでのコンピュータは，弾道計算や暗号処理などの特定の処理を行うものがほとんどであったが，プログラム内蔵型の汎用コンピュータ EDSAC が開発されて以降，徐々にその利用者が増えつつあった。しかしながら，現在のようにアプリケーションソフトウェアをインストールすればすぐに利用できるものではなく，利用者は自分でプログラムを作成して計算処理を行った。しかも，コンピュータは非常に高価なものであり，研究者個人が自由に利用できるものではなく，他の利用者と共同で利用しなければならなかった。

　この時代のコンピュータの利用方法は次のとおりである。まず，計算処理を

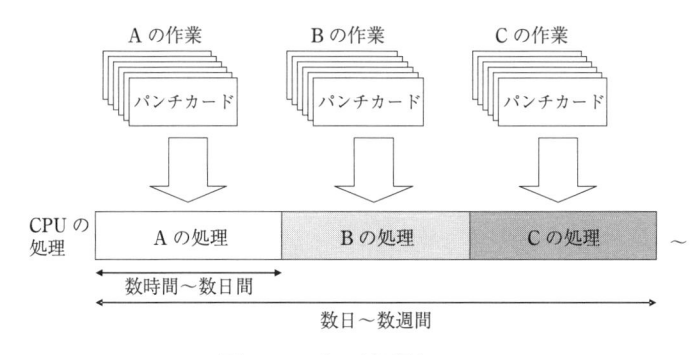

図 1.21　バッチ処理システム

行うにあたっては，あらかじめパンチカードに記録したプログラムとデータを用意し，それを計算機センターに持ち込んで，オペレータに計算処理を依頼する。これを**バッチ処理**という（図1.21）。この方式は，自分の計算処理の順番がまわってくるまで何日もかかるうえに，計算結果もすぐにはでてこない。そのうえ，たとえ計算結果が間違っていたとしても，次に自分の利用時間がくるまでの順番を待たなければならなかった。こういった不便な利用方法であったが，大量の計算処理を必要とする利用者は，根気強く利用方法を習得して計算処理を行っていたのである。

　このような状況下で，コンピュータを占有して使いたいという要求がでてくる。その方向性のひとつが ① **時分割方式**（TSS：Time-Sharing System）であり，もうひとつは ② 個人で利用できる小型で安価なコンピュータである。前者は，高価な大型コンピュータの利用時間を 1/1000 秒単位で細かく区切り，多くの利用者が端末[23]を通して同時に共同利用しながらも，あたかも一人で独占して対話的に利用できるかのようなシステムである（図1.22）。後者は，当時のコンピュータの論理素子が真空管からトランジスタや磁気コアメモリなどにとって代わったために小型化しつつあり，後に述べるパソコンの源流となる。

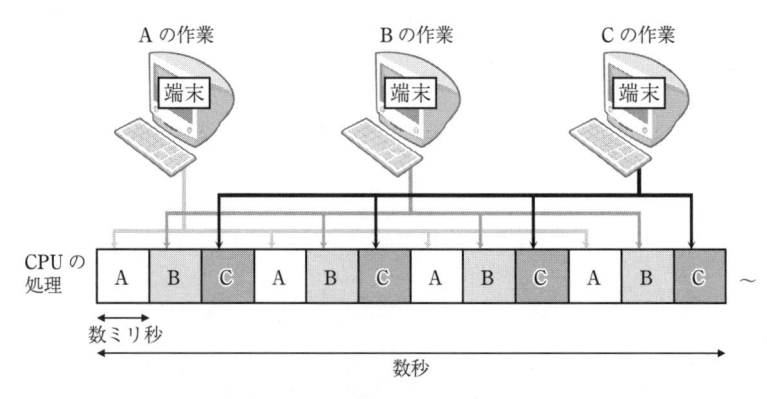

図1.22　時分割処理システム（TSS）

23）　ターミナル（terminal）ともいう。大型コンピュータ（ホスト）を操作するためのキーボード（入力機器）とディスプレイ・プリンタ（出力機器）をさす。端末は CPU や記憶装置などの情報処理機能をもたない。

　当時，コンピュータを独占して使用したいと考えていたのは科学者たちであった。さらに，多くの科学者が1台の大型コンピュータに接続し，科学者どうしでコミュニケーションしながら情報共有ができれば，科学の進歩につながるのではないだろうかと考えたのが IPTO[24] のリックライダー (J.C.R. Licklider) である。彼はコンピュータ利用者の共同体である「銀河間コンピュータネットワーク」を1963年に構想し，後にインターネットの萌芽となる ARPANET へとつなげていく。また，軍の予算を利用して CTSS (Compatible Time-Sharing System) の開発を行い，対話型コンピューティングの基礎を築いた。彼のビジョンは1960年に発表された論文「人間とコンピュータの共生」[25] にあり，コンピュータが人間の知性を高めるという考え方に基づいていた。

　TSS はあくまで数値と文字を基本とするコミュニケーションであったが，それを GUI (Graphical User Interface) で行うことを考えたのが，マウス，ウィンドウシステム，ワードプロセッサなどの発明者でもある**エンゲルバート** (D.C. Engelbart) である。1968年に NLS (oN-Line System) という GUI を駆使したシステムを開発し，技術者たちの前でデモを行った（図1.23）。そこには，電話回線で接続された遠隔地のコンピュータの画面をマウスとキーボードで操作する様子が記録されている。このような利用方法は，現在の対話型 GUI コンピューティングの原型となっている。

図1.23　NLS の操作卓

（出典：©SRI International　http://sloan.stanford.edu/MouseSite/gallery/slides1/mockup/mockup.html より）

---

24)　IPTO (Information Process Techniques Office) は高等研究計画局 (ARPA) の研究部門。

25)　J.C.R. Licklider, "Man-Computer Symbiosis", *IRE Transactions on Human Factors in Electronics*, vol. HFE-1, pp.4-11, March 1960.

1.3.3　小型化の進展

　TSS はバッチ処理に代わって徐々に普及していった。大型コンピュータでの TSS 利用がはじまった 1960 年頃，使い勝手のよい TSS の実現を目標に，MULTICS[26] とよばれるオペレーティングシステム (OS) が開発された。しかし，MULTICS は複雑になりすぎ，大きくて非常に動作が重いシステムとなってしまい，実用化にはいたらなかった。

　その一方，この時代には半導体の集積回路技術が飛躍的に進んだことによってハードウェアの小型化と価格の下落が起き，従来の大型コンピュータと同等の能力をもつミニコンピュータが低価格で買えるようになった。MULTICS の開発にかかわっていた AT&T のベル研究所のトンプソン (K. Thompson) とリッチー (D.M. Ritchie) は，DEC 社のミニコンピュータ PDP-7 を使い，コンパクトな TSS システムである UNIX を開発する。UNIX は MULTICS の経験をもとに，"small is beautiful"(小さいことは美しい) という考え方で開発されたミニコンピュータ用の OS であった。UNIX の特長は，既存の小さなプログラムを組み合わせるしくみ (パイプ) などを備え，プログラムを最初から作成しなくてもおおよその仕事ができるようになっている点にある。

　当初，遊び (宇宙旅行ゲーム) が目的で開発された UNIX であったが，後に高水準言語であるプログラミング言語 C で記述し直された[27]。これによって他のコンピュータへの移植性が高まり，多くの利用者を獲得していった。また，大学へはほぼ無料 (配布用テープの費用だけ) で配布されたことから，多くの大学に広まっていくことになる。カリフォルニア大学のバークレイ校ではネットワーク機能を実装された BSD UNIX が開発され，1980 年代のインターネット黎明期におけるサーバ OS としての地歩を固めていく[28]。

1.3.4　パーソナルコンピュータの萌芽

　1970 年代は，半導体のさらなる微細加工技術の発展によって，コンピュータのハードウェアに IC や LSI などが使用され，さらなる小型化・高性能化へ

---

26)　Multiplexed Information and Computing Service

27)　当時，オペレーティングシステムはアセンブリ言語で記述されるのが普通だった。

28)　なお，1990 年代に登場する Linux は，UNIX そのものではなく，UNIX の互換 OS という位置づけにあることに注意されたい。

 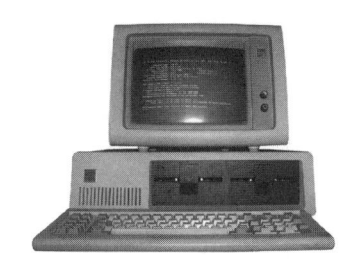

図1.24 AppleII(左)とIBM-PC(右)

(出典：Wikimedia Commons（左）https://commons.wikimedia.org/wiki/File:
Apple_iieuroplus.jpg　By Helliesp［CC BY-SA 3.0］,（右）http://commons.
wikimedia.org/wiki/File:IBM_PC_5150.jpg　By Boffyb［CC BY-SA 3.0］)

の道をたどっていった。このとき，従来のように大型計算機を TSS などで共
同利用するのとは別の方向で，安価なコンピュータを個人で利用する方法が模
索されていた。

　当時，演算装置は複数の半導体回路に分かれていたが，これを１つに集積し
小型化したマイクロプロセッサ(MPU または CPU)が登場した。小型の電卓や
ビデオゲームの需要拡大に応えるために複数の企業が MPU を開発したが，そ
のなかでもインテル社が重要な位置を占めることになる。

　また，MPU を用いたビデオゲームやパーソナルコンピュータ（パソコン）が
商品化され，ホビー用途に普及しはじめる。MPU を使用した完成品として，
商用一般に発売された最初のパソコンは，Apple 社の AppleII である（図1.24
左）。さらに 1979 年には AppleII 用の表計算ソフトウェア VisiCalc が発売さ
れ成功を収める。これに刺激された IBM 社は，1981 年に大型コンピュータの
ビジネスから転向して IBM-PC を発売し（図1.24 右），そのハードウェアに搭
載する OS である MS-DOS を Microsoft 社から調達した。こうして，オフィ
スに小型のコンピュータが浸透していくと同時に，アプリケーションソフト
ウェアの重要性が高まってくることになる。

1.3.5 GUIとソフトウェアの時代

　1969 年当時，複写機の先行きに不安を感じた Xerox 社は，「未来のオフィ
ス」に関する研究を行うため，PARC(パロアルト研究所)を設立した。そこで
アラン＝ケイ(Alan C. Kay)は，A4 サイズ程度で GUI を備え，子どもでも扱

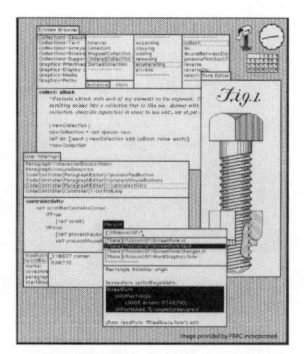

the photo is courtesy of
Xerox Corporation

the photo is courtesy of
Palo Alto Research Center, Inc.

図 1.25　Alto（左）と **Smalltalk-72**（右）

える理想のメディアとして"Dynabook"を構想した。それに基づいて未来のコンピューティングを構築する試みがはじまった。1972 年には暫定 Dynabook として，Alto コンピュータ（ハードウェア）と Smalltalk-72（ソフトウェア）という形で結実する（図 1.25）。Alto の OS のひとつとして開発された Smalltalk-72 は，現在われわれが使用しているパソコンと同じように，画面上にウィンドウ，アイコン，フォルダ，ドキュメントなどの GUI とマウスを備えたパーソナルなデスクトップコンピュータ環境であった。また，Alto はイーサネット（Ethernet）によるネットワークを備え，レーザービームプリンタやファイルサーバと接続して作業が行えるようになっていた。このような Alto のハードウェア技術は，1981 年に Xerox 社から発売された Star に転用された。Star はコンピュータというよりもオフィスシステム（事務所での書類作業を行う機械）として設計され，現在われわれが使用している GUI とほぼ同様の機能をもっていた。しかし，価格が 50,000 ドルから 100,000 ドルと高価だったため，商業的には成功しなかった。ちょうど同時期に IBM-PC が発売されたが，その価格は 1,500 ドルから 6,300 ドル程度であった。IBM-PC にはまだ GUI の OS はなく，キーボードからコマンドを入力しながら操作しなければならなかったが，ワードプロセッサや表計算などのアプリケーションソフトウェアも提供されており，徐々にビジネス分野に浸透していった。

　1983 年には Alto の影響を受けた Lisa が Apple 社から発売されるが，これも Star が売れなかったのと同様の理由で失敗した。さらにその後の 1984 年に

Lisa と同様の GUI を搭載した Macintosh が 2,500 ドルで発売される。Apple 社は Macintosh を家庭用コンピュータとして価格を抑えて売り出したが，商業的にはあまり成功しなかった。教育や出版などでは健闘したが，ビジネス分野において IBM-PC ほどは好まれなかった。しかし，GUI が次世代のパーソナルなコンピューティング環境として要望されていることは明らかであった。

そのころ，OS に MS-DOS を搭載した IBM-PC とその互換機は，多くのアプリケーションの存在と IBM ブランドを背景に，その低コスト性からアメリカ企業での利用が拡大しつつあった。Macintosh が発売されたことから，IBM-PC での GUI インタフェースのニーズは高まりつつあった。とはいえ，パソコンの利用は依然として CUI ベースのインタフェースであったため，企業内においてもパソコンの利用者は限られていた。そこで，MS-DOS を供給していた Microsoft 社は，IBM 社と共同で GUI ベースの OS である OS/2 の開発を 1987 年に表明する。しかしながら，OS/2 の開発は難航をきわめたため，Microsoft 社は 1990 年に独自 OS である Windows3.0 を全世界に向けてリリースする。IBM-PC で使える GUI ベースの OS を待望していたユーザからは大いに歓迎されたが，Windows3.0 の中心部分のソフトウェアはまだ本格的な OS とはいえない MS-DOS であり，ネットワーク機能すら備えていなかった。このような状況のなか，時代はインターネットへとシフトしつつあった。

1.3.6 インターネットの勃興

1960 年代の ARPANET から端を発したネットワークは，TCP/IP をアーキテクチャ[29]とする世界規模のコンピュータネットワークに成長しつつあった。1974 年頃にスタンフォード大学で TCP/IP の仕様が定義され，1981 年にはカリフォルニア大学バークレイ校で UNIX 系 OS である 4.2BSD に実装された。当時，TCP/IP を扱えるコンピュータは依然として TSS ベースの大型あるいはミニコンピュータであったが，1982 年に設立された Sun Microsystems 社は，4.2BSD を搭載した UNIX ワークステーションを発売する。従来の TSS に比べて安価かつ小型であり，多機能で扱いやすいソフトウェア群を備えた高機能な UNIX ワークステーションは，大学や企業の研究所などに導入され，インターネットの基盤システムとして中心的な役割を担っていくことになる。

29）　ここでは単に「機能を実現するためのしくみ」と定義しておく。

一方，企業内のオフィスにおいても，構内でイーサネットをベースとした LAN[30]の利用が盛んになる。プロトコルには TCP/IP を利用し，インターネットとも直接接続され，電子メールが次第に普及していった。オフィスでは，一般に人々にも Office Suite[31]の利用が標準となる。さらに 1991 年には，CERN でティム・バーナーズ・リー（T. Berners-Lee）によって WWW（World Wide Web）が開発され，Web ブラウザの普及もともなって一般の人のインターネット利用が促進された。これによって，コンピュータは単なる計算機械ではなく，新しい情報伝達媒体（メディア）としての役割も担うことになる。このころには現在のコンピューティングの形態がほぼ整うことになる。

1990 年代前半には，それまで企業の研究所や大学の利用が中心であったインターネットが一般に商用開放される。その後，1995 年には Windows95 が発売され，パソコンの世界でも本格的な GUI の時代が到来した。

以上，コンピュータ黎明期の 1940 年代から最近に至るまで，コンピューティングの歴史を駆け足で概観してきた。コンピューティングの流れをおおまかにまとめると，以下のようになるであろう。

（1）大型から小型へ（高密度集積化）
（2）共同利用から個人利用へ（専有化）
（3）CUI から GUI へ（視覚化）
（4）スタンドアローンからネットワークへ（情報の共有化）
（5）軍事利用から民生利用へ（一般化）
（6）数値計算からメディア処理へ（用途の多様化）

実際にはもっと複雑で入り組んでおり，現在のパソコンが出現するまでに一筋の道があったわけではない。この間，さまざまなコンピュータシステム（ソフトウェア，ハードウェア）が生まれては消えていった。それは技術的な優劣やコンピューティングの利便性ではなく，時には巨大企業のマーケティングやビジネスのタイミングといった偶然に支配されている。このため，われわれが

---

30) Local Area Network：構内ネットワーク。
31) ワードプロセッサ，表計算，プレゼンテーション，データベース，スケジュール管理などを一式でセットにしたソフトウェア。代表例として，"Microsoft Office" や "Open Office" があげられる。

現在使っているコンピュータが必ずしも究極の形態ではないことに留意すべきであろう。別の道筋，もっと良い方向性があることは否定できない。

　われわれが利用しているコンピュータの歴史はたかだか 70 年程度である。グーテンベルグの活版印刷が出現したのは 15 世紀のことであるが，それから数百年かけて印刷技術と活字メディアは現在の形に発展してきた。これからまだまだ新しいコンピュータ利用について実現する可能性がある。次節からは，現在われわれのまわりにある身近な技術から，将来のコンピューティングについて検討してみよう。

1.4　次世代の情報処理技術

　最後に，現在の先端あるいは構想されている情報処理技術と次世代のコンピューティングを概観しておこう。

1.4.1　ハイパフォーマンスコンピューティング

　今日の重要な情報処理技術のひとつとして，シミュレーションがある。シミュレーションとは，現実世界を数学的モデルで記述し，数値計算を行うことによって模擬的に表現する方法である。たとえば天気予報は，気温・気圧・湿度・降雨量などの数値を大気流動モデルに入力し，将来の大気の状態を短時間のうちに予測する一種のシミュレーションである。

　このシミュレーションには膨大な量の数値計算を必要とするため，短時間のうちに大量のデータを高速計算処理しなければならない。こういった技術はハイパフォーマンスコンピューティング（**HPC**）とよばれ，かつてはスーパーコンピュータなどの専用計算機が用いられた（ENIAC も当時は HPC であった）。スーパーコンピュータは，**ベクトル処理**[32)]，**パイプライン**[33)]を複数もった**スーパースケーラ処理**[34)]，あるいは複数の CPU を多数結合し処理を同時に行う超並列処理によって，大量の計算を短時間のうちに処理することができる特殊な計算機である。その代表例として，たとえば"京コンピュータ"があげられ

---

32)　音声や画像などの配列データに対して，積和演算(掛け算と足し算)を高速に行う処理。

33)　演算処理の各工程を流れ作業で行う装置。複数の命令を短時間で処理できる。

34)　複数の命令を同時に実行する処理。

る。しかし，このような専用計算機の設計と製造には多大なコストを要するため，最近では汎用パソコンを大量にネットワークで接続し，分散処理によって計算を行う方法が普及しつつある。そのひとつが**グリッドコンピューティング**あるいは**クラスタリング**とよばれる技術である。パソコンに用いられる CPU や GPU[35]が高性能化したため，これらを多数並列に結合して 1 つの計算機として利用することによって，従来のスーパーコンピュータと同等の性能を安価に実現できるのである。

　また，現在われわれが利用しているコンピュータは，プログラムとデータをメモリにおき，CPU との頻繁なやり取りを行う必要がある。しかし，このような処理にはメモリからのデータの読み込みと書き込みに時間がかかるため（ノイマンボトルネック：3.1.2 項参照），CPU とメインメモリの間に高速なメモリをおいて読み込みと書き込みの時間短縮を狙った**キャッシュ**技術が使われている。

　なお，これらの技術の多くはわれわれが普段使用しているパソコンの CPU にすでに内蔵されている。つまり，今のパソコンの演算処理能力は 10 年以上前のスーパーコンピュータ以上の計算能力をもつに至ったのである。

　このほか，高速処理の技術としては，量子力学を応用した**量子コンピュータ**が検討されている。量子コンピュータは，現在のコンピュータでは計算に莫大な時間がかかる巨大な整数の素因数分解を短時間のうちに解くことができることが証明されている。これが実現すると，RSA 暗号（5 章参照）などが短時間のうちに解読されてしまう可能性が指摘されている。しかしながら，まだまだ技術的課題が多く，実現までにはかなりの時間を要するであろうとされていたが，2010 年代に入ってから特定の用途に限定した実用化例が発表されている。現在普及しているコンピュータは，アルゴリズムを変更することであらゆる問題を解くことができる万能計算機械であるが，量子コンピュータが解決できるアルゴリズムは特定のものに限られている。たとえば，素因数分解やデータベース検索では，これまでのコンピュータに比べて高速に計算できることがわかっている。

35）　Graphics Processing Unit：コンピュータ画像処理専用装置。グラフィックボード，ビデオカードなどともよばれる。

1.4.2 思考するコンピュータ

　われわれのもつ神経細胞の処理速度はコンピュータの論理素子よりもはるかに遅いにもかかわらず，人間の顔の識別をどんな高速のコンピュータよりも短時間のうちにうまくやってのける。こういったことから，人間と同様の思考や判断をさせるための**人工知能（AI）**の研究が1950年頃からはじまった。

　AI研究は，人間の脳の神経生理学的アプローチ（コネクショニズム）と記号処理的アプローチ（シンボリズム）の二通りある。ここでは，前者の神経生理学的アプローチに的を絞って概説する。

　19世紀初めごろ，脳は**ニューロン**とよばれる神経細胞が**シナプス**を介して多数結合されて構成されていることが明らかとなった。1943年には神経生理学者のマッカロック（W.S. McCulloch）と数学者のピッツ（W.J. Pitts）が，神経細胞を使って**チューリングマシン**を実現する方法として動物の神経細胞を模した**形式ニューロンモデル**を示した（図1.26）。図では，ノードへの入力と重みの積和 $(x_1 \times w_1) + (x_2 \times w_2) + (x_3 \times w_3)$ が閾値 θ より大きくなるとノードが**活性化（または発火）**し，y に1を出力する。なお，x_1, x_2, x_3, y は0か1の値をとる。このようなノードの性質を表す関数を**活性化関数**とよぶ。

　1958年には**ローゼンブラット**（F. Rosenblatt）が複数の型式ニューロンを階層的に結合した**パーセプトロン**とよばれる**人工ニューラルネットワーク（ANN）**のモデルを提案した（図1.27）。パーセプトロンは，**ヘッブ則**[36]を原理とした学習能力をもつ。ここでいう**学習**とは，ノードの重みの値（図1.27の出力層における黒丸）を修正して蓄積することである。また，パーセプトロンは入力パターンがどのカテゴリに属するかを分類識別する。まず，学習期間中に

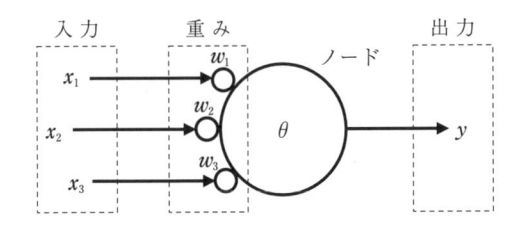
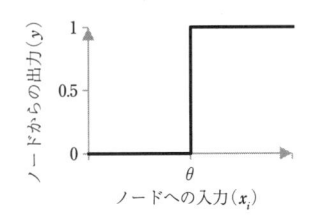

図1.26　形式ニューロンモデル（左）と活性化関数（右）

---

36)　ニューロン間の信号伝達回数が多いと伝達効率が上がる。人工ニューラルネットの場合は重みwの値が大きくなる。

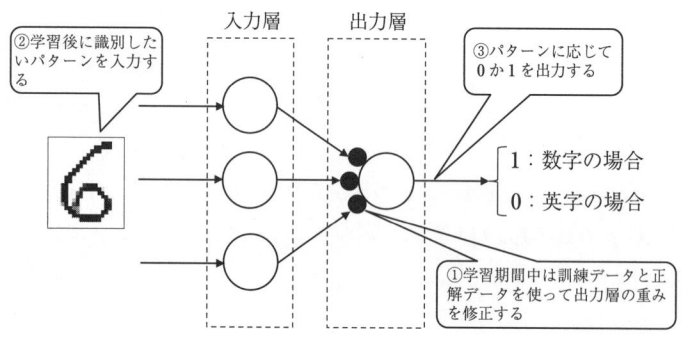

図 1.27　パーセプトロン

訓練データと正解データのペアを使って，出力層の型式ニューロンの重み w_i の値を修正する。これを**誤り訂正学習**とよぶ。たとえば，手書きの英字と数字の画像を訓練データとし，その画像に対して英字なら 0，数字なら 1 を正解データとする。学習期間中はパーセプトロンに訓練データを与えて，対応する正解データになるよう重みを修正する。学習後に英字か数字が描かれた適当な画像を入力すると，英字なら 0 を，数字なら 1 を出力してくれる。

　従来このような識別作業には，人間がデータの特徴を詳しく調べて専用の装置を設計しなければならなかったが，パーセプトロンでは，学習（重みの蓄積）によって自動的に識別能力を獲得することができる。しかしその後，理論的に学習できない問題（XOR 問題[37]など）の存在が指摘され，また，現実に適用できる場面がほとんどなかったため，研究が下火になっていった。

　パーセプトロンはマカロックとピッツの型式ニューロンモデルを使用しており，各ノードの出力は 0 か 1 の値をとるのみであったため，重みの変化に対する出力の応答が悪い。そこで 1960 年代には，ノードからの出力値が 0 から 1 までの連続的な値をとる活性化関数を用い（図 1.28），効率良く学習誤差が極小に向かうよう重みを修正する「**勾配降下法**」が提案された。これによって，出力層の前の中間層（隠れ層）を学習に参加させて，より複雑な問題に対応できるようになった。

---

37)　入力値を x と y，出力値を z とする XOR（排他的論理和）の論理素子について，真理値表を作成し，xy 平面上に z の値をプロットする。このとき，出力値 z（0 か 1）を識別するために xy 平面上に直線を引いて分離することができないという問題。

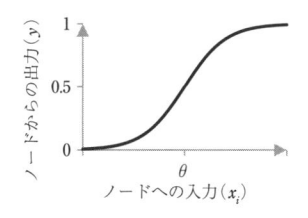

図 1.28 連続的な値を出力する活性化関数の一種(シグモイド関数)

　さらに 1986 年には，ランメルハート(D.E. Rumelhart)，ヒントン(G.E. Hinton)，ウィリアムス(R.J. Williams)らにより，従来のパーセプトロンを改良し，学習誤差を極小にする計算を出力層から入力層へ向かって逆向きに行い，中間層の重みを学習に参加させる方法が提案された。これをバックプロパゲーション(誤差逆伝播法)とよぶ(図 1.29)。この方法によって，文字・音声・画像の認識などは，人手によって構成された認識システムと同等の結果が得られるようになった。ただし，複雑な問題を学習させるためには，ノード数を増やすことと多層化が必要であったが，必ずしも最適解ではない学習結果に収まってしまう局所収束や，途中で学習が進まなくなる勾配消失などの課題が残された。また，学習には大量の計算処理を要し，当時の半導体技術で実装されたコンピュータでは多くの時間がかかった。

　その後の ANN の研究は，課題であった局所収束や勾配消失の問題，そして計算量の問題等をさまざまな方法で克服する試みが継続された。たとえば，統計物理学のホップフィールドモデルから発展したボルツマンマシン，多様な活

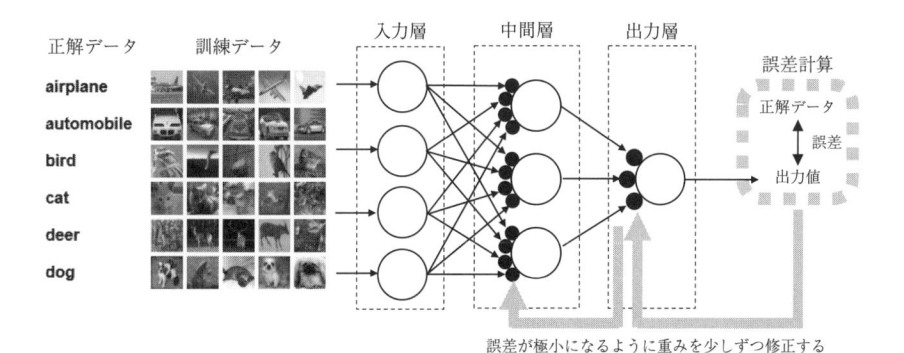

図 1.29 バックプロパゲーション

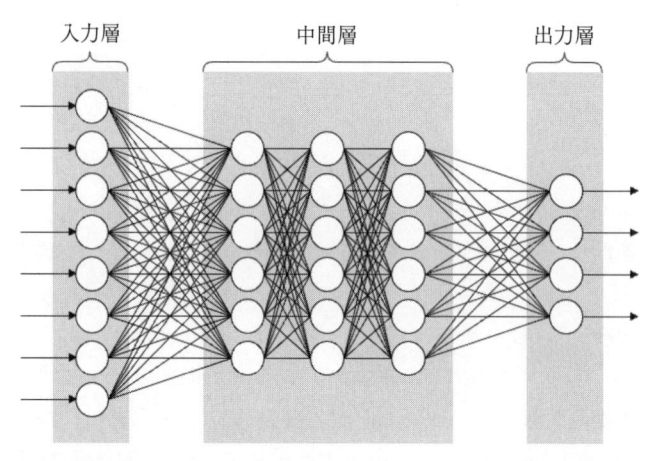

入力層　　　　　　　　中間層　　　　　　　　出力層

図 1.30　5 層の深層ニューラルネットワークの例（ノード間の矢印および重みは省略）

性化関数の選択，新たなネットワーク構成や学習方法である。それとともに，これまでの名称が再定義され，4 層以上の多層ニューラルネットワークは「**深層ニューラルネットワーク DNN（Deep Neural Network）**」，DNN を用いた学習方法は「**深層学習（Deep Learning）**」とよばれるようになった（図 1.30）。

　また，半導体の性能は**ムーアの法則**[38]に従い順調に向上していき，そのなかでも GPU はパソコンのグラフィック描画装置として，低価格化と処理速度の向上が著しく進んだ。GPU は単純な計算を**分散並列処理**によって高速に行うことができるため，2000 年代に入ってから汎用計算処理に用いる **GPGPU**[39]（汎用用途のための GPU）として使用する例が増えはじめ，それとともに，多層ニューラルネットワークの計算環境が整いはじめた。

　2012 年には，画像認識競技 ILSVRC（ImageNet[40] Large Scale Visual Recognition Challenge）で，カナダのヒントンらが 8 層の畳み込みニューラルネットワーク（DNN の一種である CNN：Convolutional Neural Network）を構成し，GPU を使って 100 万枚の画像データを 2 週間学習させ，1000 種類の物体に関する写真画像群の分類のエラー率 16.4% で優勝した。これまでエラー率

---

38)　半導体の集積率が 18〜24 か月で 2 倍になるという経験則。しかし初出が不明であり，2010 年代以降は成立しないであろうとされていたが，半導体を立体的に構成するなど集積度を高める技術開発が続いている。

39)　General-Purpose computing on Graphics Processing Units

40)　スタンフォード大学が運営している大規模画像データベースを提供している組織。

は年に1〜2%程度しか向上させることができなかったが，一気に10%以上向上させたのである。その後もDNNの性能改善は続いており，2015年にはエラー率4.8%に達して急激な進歩をみせた。なお，ILSVRCでは人間の認識エラー率を5%程度と見積もっており，DNNはすでに人間の識別能力を超えているといわれている。

このように，大量の学習データとパワフルな計算機があれば，複雑な問題に対してもDNNが一部実用的なレベルに達してきた。その一方で，大量の学習データがなければ，DNNはうまく機能しないという課題もかかえている。人間は数少ない経験から短時間で優れた汎用的学習能力を示す。技術が進んだとはいえ，世の中に存在する広範な問題に対してはまだ人間の能力に及ばないのが実状である。

より汎用的なAIを実現するためには，人間の脳が行っている情報処理のしくみを解明する必要があるが，現時点では詳細がほとんどわかっていない。このため，情報科学からのアプローチだけではなく，哲学，言語学，心理学，認知科学，教育学，社会学，生理学，生物学，人類学などのあらゆる学問分野からの貢献が必要であるとされている。

また，最近のAI研究は必ずしも人間と同等の振る舞いをする完全自立型AIをめざすものではなく，人間支援のための技術としても位置づけられている。その一つが**ヒューマンインタフェース**の研究である。人間が複雑な作業をする際に，知的に支援する道具としてコンピュータをとらえ，人間とコンピュータが相互にコミュニケーションしながら協働するための技術として発展しつつある。

現在のコンピュータは階層構造と因果関係(原因と結果)からなる工学的アーキテクチャをもっている。しかし，必ずしもこのような形態がすべての情報処理に適しているわけではない。現在のコンピュータは非常に高速な演算装置と膨大な情報記憶装置を備え，人間をはるかに凌駕する計算能力をもつに至ったが，人間が行っている情報処理すべてをコンピュータに置き換えることはいまだに不可能である。このため，人工知能だけではなく，コンピュータ支援をめざした技術の研究が継続されていくであろう。かつてコンピューティングの黎明期に構想された「人間−機械混成システム」の考えは，現在においても重要な位置にあるといえよう。

表 1.3　コンピューティングのあゆみ

年代	コンピューティング	ソフトウェア	アーキテクチャ	ハードウェア	コンピュータ
1930 年以前	汎用計算，会計処理	プログラミング言語，ソート，集計	歯車の組合せ，プラグボード，チューリングマシン	歯車，パンチカード，電気回路・機械	解析機関，タビュレーティングマシン
1940 年	弾道計算，暗号解読	機械語	配線，プログラム可変内蔵方式，ニューロン	真空管，リレー，水銀遅延線	ENIAC, colossus, Z3, ABC, Mark I(IBM-ASCC), EDSAC
1950 年	防空，航空機座席予約，バッチ処理，リアルタイムシミュレーション	FORTRAN, LISP	ニューラルネットワーク（パーセプトロン）	磁気コアメモリ，磁気テープ，半導体回路（トランジスタ）	EDVAC, SAGE, SABRE, WherlWind
1960 年	時分割処理(TSS)，汎用計算，ハイパーテキスト，マルチウィンドウ	BASIC		集積回路(IC)，大規模集積回路(LSI)	System/360, NLS
1970 年	パーソナルコンピュータ，表計算，電子メール，Usenet	UNIX, C	ベクトル処理，並列処理，TCP/IP	マイクロプロセッサ(CPU)，8bit CPU	Dynabook, Alto, PDP, Apple II
1980 年	GUI，アプリケーションソフトウェア	MS-DOS, OS/2, MacOS, Windows3.0, Excel, Word	RISC, CISC, SMP 誤差逆伝播法	16bit/32bit CPU	IBM-PC, Star, Macintosh, Workstation
1990 年	インターネット，WWW，マルチメディア	Java, Perl, Linux, Windows95	グリッドコンピュータ	64bit RISC CPU，グラフィックスアクセラレータ	
2000 年以降	Web2.0，仮想マシン，GPGPU	Web アプリケーション	深層ニューラルネットワーク	Multi Core CPU，GPU	スマートフォン，タブレット PC

　以上，過去から現在に至るまでのコンピューティングについて簡単に概観してきた。現在われわれが使用しているコンピューティングの概念は，そのほとんどが 1960 年から 1970 年代に次世代のビジョンとして構想されたものであり，ハードウェア技術の進展とともに実現されてきた。このため，コンピューティングの未来を切り開くためには，将来の具体的なビジョンを描くことが重要となる。技術は人間のためにあり，人間が必要とするコンピューティングの将来像こそが新たな技術を生むのである。各専門分野からの斬新かつ画期的なビジョンの登場を期待したい。

参 考 文 献

[1] K. メニンガー著／内林政夫訳，数の文化史──世界の数字と計算法，八坂書房 (2001)

[2] A.W. クロスビー著／小沢千重子訳，数量化革命──ヨーロッパ覇権をもたらした 世界観の誕生，紀伊國屋書店(2003)

[3] D. オレル著／大田直子他訳，明日をどこまで計算できるか？─「予測する科学」 の歴史と可能性，早川書房(2010)

[4] A. ボルスト著／津山拓也訳，中世の時と暦──ヨーロッパ史のなかの時間と数， 八坂書房(2010)

[5] 志賀浩二著，数の大航海──対数の誕生と広がり，日本評論社(1999)

[6] 大駒誠一著，コンピュータ開発史 1，東北公益文科大学総合研究論集第 5 号， a37-a51(2003)

[7] ジョー・マーチャント著／木村博江訳，アンティキテラ──古代ギリシアのコン ピュータ，文藝春秋(2009)

[8] 電子計算機の基礎知識，共立出版(1982)

[9] 宮崎雅敏・白鳥則郎・川添良幸著，コンピュータ概説［第 2 版］，共立出版(2004)

[10] 赤間世紀著，コンピュータ時代の基礎知識，コロナ社(2003)

[11] 情報処理用語研究会編，図解コンピュータ用語辞典，日刊工業新聞社(1988)

[12] 伊東憲一著，コンピュータと情報処理の基礎，共立出版(2008)

[13] 星野力著，誰がどうやってコンピュータを創ったか，共立出版(1995)

[14] 佐伯胖著，新・コンピュータと教育，岩波新書(1997)

[15] M. キャンベル-ケリー・W. アスプレイ著／山本菊男訳，コンピュータ 200 年史 ──情報マシーン開発物語，海文堂(1999)

[16] ダニエル・ヒリス著／倉骨彰訳，思考する機械──コンピュータ，草思社(2000)

[17] 喜多千草著，インターネットの思想史，青土社(2003)

[18] H. ラインゴールド著／日暮雅通訳，新・思考のための道具，パーソナルメディア (2006)

[19] 中野馨著，ニューロコンピュータの基礎，コロナ社(1990)

[20] 甘利俊一著，脳・心・人工知能──数理で脳を解き明かす，講談社(2016)

[21] 人工知能学会監修／神嶌敏弘編／麻生英樹他著，深層学習，近代科学社(2016)

2

コンピュータサイエンスの基礎

　この章では，コンピュータの学術的な基礎となるコンピュータサイエンスについて紹介する。まず，ディジタルとアナログについて簡単に説明した後，コンピュータ内部で使われている2進数について述べる。次に，コンピュータの内部で数値，文字，音声，画像，動画などのデータがどのようにディジタル表現されているかを解説する。

2.1　ディジタルとアナログ

　近年，ディジタル化が進み，携帯電話やテレビ放送もすでにアナログからディジタルに変わっている。コンピュータはもちろんその最前線をはしるディジタル機器である。このディジタル化の波の最大の要因は，コンピュータが安価で高性能になったことにより，ディジタル処理が安価でできるようになったためである。

　まず，ディジタルとアナログの違いから説明しよう。一言でいうと，**ディジタル情報は離散的な**(2つの値間に値が存在しない場合がある)情報で，**アナログ情報は連続的な**(2つの値間には必ず値が存在する)情報である。ディジタル情報は整数で表される情報，アナログ情報は実数で表される情報と考えることができる。ディジタル情報の例としては，個数，番号，文字などがあり，アナログ情報の例としては，重さ，長さ，質量，時刻，音，色，位置などがある。これらの例からわかるように，アナログ情報は自然界に存在する情報で，ディジタル情報は人工的な情報であるということもできる。

　コンピュータの内部では，すべての情報が「0」と「1」の2種類の記号で

ディジタル化されている。この最小単位を「ビット(**bit**)」とよび，2 進数における桁数を表している。また，後に述べるように，アルファベット 1 文字が 8 ビットで表されていることから，8 ビットを 1 バイト(**Byte**)と表現する。

2.2　2 進 数

　コンピュータ内部で数字を扱う場合，2 進数が使われる。**2 進数**とは，「0」と「1」の 2 種類の数字を用いて数を表現する方法である(図 2.1)。われわれが，小学校から使用している数字は，「0」「1」「2」「3」「4」「5」「6」「7」「8」「9」の 10 種類の数字を使う 10 進数である。

10 進数	2 進数
0	0
1	1
2	10
3	11
4	100
5	101
6	110
7	111
8	1000
9	1001
10	1010
⋮	⋮

図 2.1　2 進数の例

　まず，10 進数から考えてみよう。一般に，1234 という 10 進数は以下のように表現できる。

$$1234_{(10)} = 1 \times 1000 + 2 \times 100 + 3 \times 10 + 4$$
$$= 1 \times 10^3 + 2 \times 10^2 + 3 \times 10^1 + 4 \times 10^0 \tag{2.1}$$

ここで $_{(D)}$ は D 進数であることを示している。これを 10 進数 $N_{(10)} = a_l a_{l-1} \cdots a_1 a_0$ に一般化すると，

$$N_{(10)} = a_l \times 10^l + a_{l-1} \times 10^{l-1} + \cdots + a_1 \times 10^1 + a_0 \times 10^0 \tag{2.2}$$

となる。さらに，D 進数 $N_{(D)} = b_m b_{m-1} \cdots b_1 b_0$ に一般化すると，

$$N_{(D)} = b_m \times D^m + b_{m-1} \times D^{m-1} + \cdots + b_1 \times D^1 + b_0 \times D^0 \tag{2.3}$$

となる。2 進数 $N_{(2)} = c_n c_{n-1} \cdots c_1 c_0$ の場合は,

$$N_{(2)} = c_n \times 2^n + c_{n-1} \times 2^{n-1} + \cdots + c_1 \times 2^1 + c_0 \times 2^0 \tag{2.4}$$

で, n 桁の 2 進数は 0 から $2^n - 1$ までの整数を表現することができる。

この考え方は小数にまで拡張することができる。たとえば, 1234.567 は以下のように表現できる。

$$\begin{aligned}
1234.567_{(10)} = {} & 1 \times 10^3 + 2 \times 10^2 + 3 \times 10^1 + 4 \times 10^0 \\
& + 5 \times 10^{-1} + 6 \times 10^{-2} + 7 \times 10^{-3}
\end{aligned} \tag{2.5}$$

同様に, 10 進数 $N_{(10)} = a_l \cdots a_0.a_{-1} \cdots a_{-l'}$ に一般化すると,

$$\begin{aligned}
N_{(10)} = {} & a_l \times 10^l + a_{l-1} \times 10^{l-1} + \cdots + a_1 \times 10^1 + a_0 \times 10^0 \\
& + a_{-1} \times 10^{-1} + \cdots + a_{-l'} \times 10^{-l'}
\end{aligned} \tag{2.6}$$

となる。D 進数 $N_{(D)} = b_m \cdots b_0.b_{-1} \cdots b_{-m'}$ では,

$$\begin{aligned}
N_{(D)} = {} & b_m \times D^m + b_{m-1} \times D^{m-1} + \cdots + b_1 \times D^1 + b_0 \times D^0 \\
& + b_{-1} \times D^{-1} + \cdots + b_{-m'} \times D^{-m'}
\end{aligned} \tag{2.7}$$

となる。2 進数 $N_{(2)} = c_n \cdots c_0.c_{-1} \cdots c_{-n'}$ の場合は,

$$\begin{aligned}
N_{(2)} = {} & c_n \times 2^n + c_{n-1} \times 2^{n-1} + \cdots + c_1 \times 2^1 + c_0 \times 2^0 \\
& + c_{-1} \times 2^{-1} + \cdots + c_{-n'} \times 2^{-n'}
\end{aligned} \tag{2.8}$$

となる。

(2.8)式はそのまま 2 進数の定義となっており, この式を使って 2 進数を 10 進数に変換することができる。

例 2.1 $1101.101_{(2)}$ を 10 進数に変換すると,

$$\begin{aligned}
1101.101_{(2)} &= 1 \times 2^3 + 1 \times 2^2 + 0 \times 2^1 + 1 \times 2^0 + 1 \times 2^{-1} + 0 \times 2^{-2} + 1 \times 2^{-3} \\
&= 8 + 4 + 0 + 1 + 0.5 + 0 + 0.125 = 13.625_{(10)}
\end{aligned}$$

となる。

逆に, 10 進数を 2 進数に変換する場合は便利な変換法があるので, それを証明なしで紹介する。10 進数を 2 進数に変換する場合, 整数部と小数部では変換方法が少し異なるので別々に行う。

まず, 整数部に関しては, 10 進数を 0 になるまで"2 で割って"いく。そのとき余りを右側に列挙し(余りが 0 の場合も 0 を書く), 列挙された余り(0 と 1 の数字列)を下からみればそれが求める 2 進数になっている。

　次に，小数部に関しては，10進数を"2倍して"いく。そして，1を超えた場合は右側に1を書き出し，超えなかった場合は0を書く。ちょうど小数部が0になるまでこの操作を行う。右側に列挙された数字を上からみればそれが2進数の小数点以下となっている。なお，小数部に関しては，ちょうど1にならず，循環小数となる場合があるので，注意が必要である。

　言葉ではわかりにくいので，下の例で説明する。

例 2.2　$22.375_{(10)}$ を2進数に変換する。まず，整数部(22)と小数部(0.375)に分けて，まず，整数部22を2で割っていく。

$$
\begin{array}{rl}
2)\ \underline{\quad 22 \quad} & \\
2)\ \underline{\quad 11 \quad} & \cdots \quad 0 \\
2)\ \underline{\quad 5 \quad} & \cdots \quad 1 \\
2)\ \underline{\quad 2 \quad} & \cdots \quad 1 \\
2)\ \underline{\quad 1 \quad} & \cdots \quad 0 \\
\quad\quad 0 & \cdots \quad 1
\end{array}
$$

右側に列挙された数字列 10110（下からみる）が求める2進数の整数部である。

　次に，小数部 0.375 を2倍していく。

$$
\begin{array}{rl}
2 \times .375 & \\
\overline{2 \times .75} & \cdots \quad 0 \\
\overline{2 \times .5} & \cdots \quad 1 \\
\overline{2 \times .0} & \cdots \quad 1
\end{array}
$$

右側に列挙された数字列 011（上からみる）が求める2進数の小数部である。すなわち，$22.375_{(10)} = 10110.011_{(2)}$ である。

　次に，2進数の四則演算について説明する。2進数ではすぐ桁数が多くなるので，簡単な計算でも筆算で計算しなければならない。計算の方法は，小学校のときに習った10進数の筆算の方法と基本的に同じである。ただ，桁上げなどが多いので注意が必要である。

　2進数の四則演算で必要な規則は，足し算（引き算）では，

$$
\begin{aligned}
0 + 0 &= 0 \\
0 + 1 &= 1 \\
1 + 0 &= 1 \\
1 + 1 &= 10
\end{aligned}
\tag{2.9}
$$

の4種類である。4番目の式では繰上げが起こっている。

掛け算（割り算）では，

$$0 \times 0 = 0$$
$$0 \times 1 = 0$$
$$1 \times 0 = 0 \tag{2.10}$$
$$1 \times 1 = 1$$

の4種類である。これらと足し算，そして桁をずらすシフト演算が必要である。九九はまったく必要ない。

例 2.3

- $6 + 7 = 13$

```
      1 10
  +   1 1 11
     11 01
```

- $11 - 4 = 7$

```
     1011
  -   100
      111
```

- $6 \times 5 = 30$

```
       110
  ×    101
       110
       000
      110
     11110
```

- $35 \div 5 = 7$

```
              111
      101)100011
            101
            111
            101
             101
             101
               0
```

2.3 情報のディジタル表現

2.3.1 数値のディジタル表現

まず，整数と実数がどのような形でコンピュータ内部で表現されているかを紹介する。

● 整　数

一般にコンピュータ内部では，整数を，負の数を考えない**符号なし整数**と，負の数を考慮した**符号つき整数**とに分け，16 ビットあるいは 32 ビットで表す。符号なし整数は単に2進数で表現できる。符号つき整数の場合は，0と正

の数は2進数で表し，負の数は2の補数で表す。

2の補数とは，有効桁数 n である2進数 $A_{(2)}$ と $B_{(2)}$ が (2.11)式の関係にあることをいう。

$$A_{(2)} + B_{(2)} = 0_{(2)} \tag{2.11}$$

たとえば，3桁の場合，010 と 110 は足して 1000 となることから，2の補数の関係にある(4桁目は無視する)。最初の桁が1である数が負を表すことから，この場合 010 が2，110 が -2 を表している。

ここで，数直線(000〜111)を図 2.2 のように円周上に配置する。000 と 111 の間は不連続であるが，3ビットでオーバーフローを無視して考えると，111 に1を足すと 000 となる。図のように，000 と 111 の間を連続とし，不連続な位置を 011 と 100 の間であるとすると，時計回りに並んだ 100 (-4) 〜 011 (3) と考えることができる。これが2の補数による符号つき整数である。

負の数の求め方は，単に引き算をしても求めることができるが，計算が面倒である。そこでコンピュータ内部では，1の補数から2の補数を求めている。**1の補数**とは，有効桁数 n である2進数 $A_{(2)}$ と $B_{(2)}$ が (2.12)式の関係にあることをいう。

$$A_{(2)} + B_{(2)} = \overset{n}{\overline{1\,1\cdots1}}_{(2)} \tag{2.12}$$

定義だけをみると2の補数と大差ないが，0,1 を反転させたものが1の補数となっている。0,1 の反転は論理演算を使うことで簡単に求めることができることから，コンピュータ内部ではまず1の補数を求め，それに1を足すことによって2の補数を求めている。

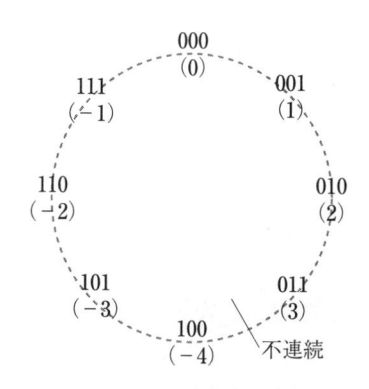

図 2.2　符号つき整数(3 桁)

> **例 2.4** 8 ビット表現において，$-4_{(10)}$ を求めてみよう。
>
> 8 ビット表現で，$+4_{(10)}$ は，0000 0100 である。
>
> 1 の補数を求めると，1111 1011 となる。
>
> これに 1 を加えて，
>
> 8 ビット表現での $-4_{(10)}$ は，1111 1100 である。

ちなみに，16 ビット表現における整数の範囲は，符号なし整数の場合 0 ～ 65535（$2^{16}-1$），符号つき整数の場合 -32768（-2^{15}）～32767（$2^{15}-1$）となる。

●実　　数

コンピュータ内部での実数表現は，2 進数の指数表現を用いる。具体的には，以下のように表す。

$$\pm A_{(2)} \times 2^{p} \tag{2.13}$$

IEEE[1]方式では，単精度（32 ビット）の場合，$A_{(2)}$（仮数）を整数部の 1 を除いた小数点以下の 23 ビットの数字列，p（指数）を $+127$ バイアスした 8 ビットの正整数，残り 1 ビットは正負（符号）を表す。図 2.3 に IEEE 方式の実数表現を図示する。

1 ビット	8 ビット	23 ビット
符号部	指数部	仮数部

(a) 単精度（32 ビット）

1 ビット	11 ビット	52 ビット
符号部	指数部	仮数部

(b) 倍精度（64 ビット）

図 2.3　実数の表現（IEEE 方式）

> **例 2.5** IEEE 方式単精度の場合，実数 22.375 は，
>
> $$+1.0110011 \times 2^{4}$$
>
> 符号部　0　（正）
>
> 指数部　10000011　（127＋4）　　　　整数部の 1 を無視する
>
> 仮数部　01100110000000000000000　（1.0110011）

---

1)　Institute of Electrical and Electronics Engineer

となり，コンピュータ内部では，

01000001101100110000000000000000

と表現される。

2.3.2　文字のディジタル表現

　数値のコンピュータ内部でのディジタル表現をみてきたが，ここでは文字の場合について解説する。まず，アルファベットを中心とする欧米の文字を考えると，アルファベット26文字の大文字と小文字，文字としての数字，スペース，ピリオド，コンマなどの記号を合わせても100種類に満たない（英語キーボードを考えてみよう）。100種類の文字は7ビットの2進数で表すことが可能である（$2^7 = 128$）。しかし，2進数においては7より8のほうがきりがよいこともあって，欧米の文字は8ビットで1文字を表す。これを1バイトとよぶ。このような文字コードは**ASCII**[2]**コード**（アスキーコード）とよばれ，世界中のコンピュータで共通に使用されている（表2.1）。

　それでは，余った1ビットはどうするのだろうか？　これはパリティ検査ビットとよばれ，誤りの検出に使われていた（現在は使われていない）。パリティ検査ビットとは，データの送受信中にエラーが生じ，「0」が「1」あるいは「1」が「0」と変わってしまった場合，それをチェックすることができるものである。2ビットが変わった場合はみつけることができないが，少しのエラーには十分効果がある。しかし，現在はより高度な符号化により，誤りを検出したり訂正したりできるため，この方法は利用されていない。

　次に，日本語の場合は漢字まで考えると数千に上ることから，まずはカタカナのみを扱うことを考えた。それが，JIS 7単位コードとJIS 8単位コードである。JIS 8単位コードはパリティ検査を行わず，パリティ検査ビットも使ってアルファベットとカタカナを8ビットで表したものである。JIS 7単位コードはパリティ検査ビットを有効にし，ASCIIコードで定義されている機能キャラクタ（文字として表示されないコード）のシフトアウトコード（SO）とシフトインコード（SI）により，アルファベットモードとカタカナモードを切り替えて使うコードである。これらは通常半角カタカナとよばれるもので，現在は

---

　2)　American Standard Code for Information Interchange

表 2.1　ASCII コード表

b4	b3	b2	b1	b7	0	0	0	0	1	1	1	1
				b6	0	0	1	1	0	0	1	1
				b5	0	1	0	1	0	1	0	1
					0	1	2	3	4	5	6	7
0	0	0	0	0	NUL	DLE	SP	0	@	P	'	p
0	0	0	1	1	SOH	DC1	!	1	A	Q	a	q
0	0	1	0	2	STX	DC2	"	2	B	R	b	r
0	0	1	1	3	ETX	DC3	#	3	C	S	c	s
0	1	0	0	4	EOT	DC4	$	4	D	T	d	t
0	1	0	1	5	ENQ	NAC	%	5	E	U	e	u
0	1	1	0	6	ACK	SYN	&	6	F	V	f	v
0	1	1	1	7	BEL	ETB	'	7	G	W	g	w
1	0	0	0	8	BS	CAN	(	8	H	X	h	x
1	0	0	1	9	HT	EM	)	9	I	Y	i	y
1	0	1	0	A (10)	LF/NL	SUB	*	:	J	Z	j	z
1	0	1	1	B (11)	VT	ESC	+	;	K	[	k	¦
1	1	0	0	C (12)	FF	FS	,	<	L	¥	l	|
1	1	0	1	D (13)	CR	GS	−	=	M	]	m	¦
1	1	1	0	E (14)	SO	RS	.	>	N	^	n	~
1	1	1	1	F (15)	SI	US	/	?	O	-	o	DEL

あまり使われていない。

　現在のような漢字も含めた日本語を扱うコードは，8 ビットでは到底足りないので，2 バイト（16 ビット）で 1 文字を表す。日本語漢字コード（全角文字）にはできたときのいきさつもあり，さまざまなものが提案されてきた。現在でも，主に，JIS コード，シフト JIS コード，EUC コードの 3 つが存在する。**JIS コード**は唯一 日本工業規格（JIS）で規定された漢字コードで，JIS 7 単位コードと同様，パリティ検査ビットを有効として，14 ビットで構成されている。ASCII コードと併用するためには 14 ビットでは足りないため，JIS 7 単位コードと同様，モード変換により使用する。電子メールではかつて JIS コードの使用が決められており，主に通信用漢字コードということができる。**シフト JIS コード**と **EUC コード**は，いずれも JIS 8 単位コードと同様にパリティ検査は行わず，パリティ検査ビットも含めて使用する。最初の 8 ビットが ASCII コードと定義されている場合は，8 ビットの ASCII コードだと判断し，そうでなければ 16 ビットの漢字コードと判断する。シフト JIS コードはパソコン用に開発されたもので，現在でもほとんどのパソコンはこの漢字コードを使用している。EUC コードはワークステーション用に開発されたもので，一部のサーバなどではこの漢字コードが使われている。

　最近では，世界共通の文字コードとして Unicode が注目されている。**Unicode** はアメリカ主体で 1993 年に標準化され普及が図られたが，当初 2 バイトで 1 文字を表すコード体系のため，世界中のすべての文字を表すには足りなかった。そこで，苦肉の策として中国や日本や韓国で使用されている同一語源の漢字を 1 種類のコードとして扱うことにしたため，中国のパソコンと日本のパソコンでは，同じ漢字コードでも違う形の漢字が表示されてしまうという問題が起こり，あまり普及しなかった。その後，2〜6 バイトの可変長の Unicode の **UTF-8** が登場し，スマートフォンでも採用され，広く普及している。

　ASCII コードなどの文字コードとして定義された文字のみで構成されたファイルをテキストファイルという。**テキストファイル**は Windows のメモ帳のようなテキストエディタで編集することができる。一方，文字コードを考慮せずに作成されたファイルをバイナリファイルという。**バイナリファイル**は制

御コードなどを含むため，テキストエディタで読むことはできない。実行可能形式のプログラムや，音声ファイル，画像ファイルなどがバイナリファイルである。

2.3.3 音声のディジタル表現

　音声のように時間につれて変化する情報のディジタル化はやや複雑である。波形情報をグラフ化した場合，横軸は時刻，縦軸は波形の大きさと考える。まず，横軸（時刻）でディジタル化し，その後，縦軸（波形の大きさ）でディジタル化する。いずれの量もアナログ情報なので，横軸でも縦軸でもディジタル化しなければならない。横軸でのディジタル化を標本化，縦軸でのディジタル化を量子化とよぶ。**標本化**とは，ある単位時間ごとに波形の大きさを読み取る（サンプリングする）ことである。**量子化**とは，実数を整数に四捨五入するようにディジタルで表現された代表値に丸め込むことである。

　標本化する場合，サンプリングの間隔をどれぐらいにとればよいかに対する明確な答えが，**標本化定理**として 1928 年にナイキスト（H. Nyquist）によって発見されている。

標本化定理

最高周波数を W [Hz]とするとき，$\dfrac{1}{2W}$ の時間間隔（ナイキスト間隔）で波形値のみを取り出しても情報の損失は生じないことが保証できる。

　この定理から，最高周波数さえ定義できれば，情報の損失なくディジタル化できることになる（もちろん，それより高い周波数の情報はなくなる）。図 2.4 では，$\dfrac{1}{2W}$ の時間間隔でサンプリングした様子を示している。

　次に，量子化については標本化ほど明確な定理はない。ビット数を多くとり，量子化の間隔を小さくすればするほど，ディジタル化の精度は上がるが，量子化する際の誤差を 0 にすることはできない。この誤差のことを**量子化雑音**とよぶ。最大量子化雑音は，量子化の間隔の半分となる。

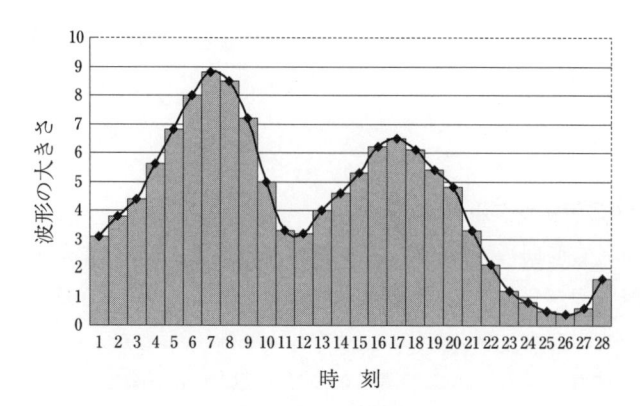

図 2.4 波形の標本化

例 2.6 範囲 200 のアナログ値を 8 ビットで量子化した場合，最大量子化雑音は，

$$(200 \div 2^8) \div 2 = 0.39$$

となる。

CD は，音声をこの方法でディジタル化して記憶している。周波数帯域幅を 20 ［kHz］までとし，44.1 ［kHz］で標本化し，16 ビット（$2^{16} = 65536$ 段階）で量子化している。

以下に，音声の代表的なファイル形式を示す。

・**WAV**（WAVE）　　Windows 標準の音声ファイル形式。通常，非圧縮で用いられるため，ファイルサイズが大きくなる傾向にある。

・**MP3**（MPEG Audio Layer-3）　　動画圧縮方式である MPEG-1 で使用されている音声圧縮方式。多くの携帯音楽プレイヤーで採用されている。著作権保護機能がない。

・**AAC**（Advanced Audio Coding）　　動画圧縮方式である MPEG-2 や MPEG-4 で使用されている音声圧縮方式。MP3 よりも圧縮効率が高く，音質はほぼ同等である。アップル社の携帯音楽プレイヤーやスマートフォンで採用されている。著作権保護技術によるコピー制御を行うことができる。

・**WMA**（Windows Media Audio）　　Windows 標準の音声圧縮方式であり，ストリーミング方式にも対応している。著作権保護技術によるコピー制御を行うことができる。

MP3 や AAC, WMA で採用されている圧縮はすべて非可逆圧縮である。**非可逆圧縮**は, コンパクトに圧縮できるが, データ損失がありもとどおりに復元できない。一方, **可逆圧縮**は, データサイズは大きくなるが, 展開すればもとのファイルに復元できる。最近では, Apple ロスレス(Lossless)のような可逆圧縮方式のファイル形式が普及しはじめている。

さらに, ハイレゾとよばれるオーディオ形式が登場している。**ハイレゾ**(High Resolution)とは, 標本化も量子化もより細かく行う形式で, 可逆圧縮のためデータサイズが大きくなる傾向にある。ハイレゾのファイル形式としては, FLAC が有名である。

例 2.7 非圧縮である 60 分ステレオ CD の容量は,
$$\{16 \times 44100 \times (60 \times 60) \times 2\} \div 8 = 635{,}040{,}000 \quad \text{バイト}$$
である。

2.3.4 画像のディジタル表現

画像に関しては, 直線や曲線の式により幾何学的な情報の集合として表す**ベクタ形式**と, 縦横を細かい碁盤の目のように小さな矩形に区切り, それぞれの矩形(**ピクセル**(**画素**)とよぶ)に色を割り当てる**ラスタ形式**がある。

ベクタ形式は, 画像を拡大や縮小などの変形をしても画質が損なわれない利点があり, ドロー系のグラフィックソフトウェアの保存形式として使われている。ラスタ形式では, 写真などの画像処理に向いており, ペイント系のグラフィックソフトウェアの保存形式として使われている。色は, 光の 3 原色である赤(R), 緑(G), 青(B)の組合せで表現する **RGB 表示**が用いられる。通常, 各色の明るさを 8 ビット(256 段階)で表現し, 16,777,216 (2^{24})種類の色(フルカラー)を表すことができる。各ピクセルに 16,777,216 色のうちの 1 色が割り当てられており, データサイズが大きくなる傾向にある。そのため, データサイズを減らすために**圧縮**を用いることが多い。

以下に, ラスタ形式画像の代表的なファイル形式を示す。

・**BMP**(Bitmap) Windows 標準の画像ファイル形式。通常, 非圧縮で用いられるため, ファイルサイズが大きくなる傾向にある。

・**GIF**(Graphic Interchange Format) パソコン通信での画像交換用に開発

された画像ファイル形式。可逆圧縮方式であるため，画質の劣化がない。256色までの画像しか扱うことができないが，アニメーション機能や，トランスペアレント機能，インターレース機能を備えている。

・**PNG**（Portable Network Graphics）　　GIF に代わって，インターネットでの画像交換用に開発された画像ファイル形式。GIF と同様，可逆圧縮方式であるため画質の劣化がない。フルカラーにも対応しており，圧縮率の点でGIF より優れている。トランスペアレント機能やインターレース機能を備えているが，アニメーション機能がない。

・**JPEG**（Joint Photographic Experts Group）　　デジカメなどのカラー静止画に使われている国際標準の画像ファイル形式。圧縮率は高いが，非可逆圧縮方式であるため，若干の画質の劣化がある。

例 2.8　フルカラーで，4,000×3,000 ピクセルの画像を非圧縮である Bitmap 形式で保存する場合，ファイル容量は，

$$(24 \times 4000 \times 3000) \div 8 = 36,000,000 \quad \text{バイト}$$

となる。

2.3.5　動画のディジタル表現

　動画では，静止画をパラパラ漫画のように連続的に切り換え，動きを表現している。この静止画のことを**フレーム**とよぶ。1秒間に切り換えるフレームの数は，映画では24枚，日本やアメリカのアナログテレビでは30枚，西ヨーロッパのアナログテレビでは25枚，ワンセグでは15枚である。いずれにせよ，データサイズがかなり大きくなるため，圧縮率の高い非可逆圧縮が不可欠である。

　以下に，動画の代表的なファイル形式を示す。

・**AVI**（Audio Video Interleaving）　　Windows 標準の動画ファイル形式。

・**MPEG**（Moving Picture Experts Group）　　動画用の国際標準のファイル形式。AVI に比べ圧縮率が高い。MPEG には，MPEG-1，MPEG-2，MPEG-4 などの規格がある。**MPEG-1** は，VHS ビデオ並の画質をめざし，CD-ROM への保存を目的とした規格。**MPEG-2** は，MPEG-1 より高画質で，S-VHS ビデオ並の画質をめざした規格。DVD，地上ディジタル放

送，BS ディジタル放送などで採用されている。著作権保護技術によるコピー制御に対応できる。**MPEG-4** は，モバイル機器や携帯電話などの通信速度の遅い回線を前提とした高圧縮率の規格。ストリーミング方式にも対応している。また，著作権保護技術によるコピー制御に対応できる。

- **WMV**（Windows Media Video）　　MPEG-4 に基づいた Windows 標準の動画圧縮方式。ネットワーク配信を前提としており，ストリーミング再生や著作権保護技術によるコピー制御に対応している。

参 考 文 献

伊藤憲一著，コンピュータと情報処理の基礎，共立出版（2008）

岡田博美編著，コンピュータの基礎知識，昭晃堂（1995）

岡本敏雄監修，よくわかる情報リテラシー　改訂新版，技術評論社（2017）

川合慧監修／河村一樹編著，情報とコンピューティング，オーム社（2004）

立花　隆他著，新世紀デジタル講義，新潮社（2000）

3

コンピュータシステム

この章では，コンピュータシステムについて，ハードウェアとソフトウェアの両面から説明する。まず，ハードウェアについて，ノイマン型コンピュータのしくみを紹介し，コンピュータシステムの全体像を解説する。その後，CPU や，記憶装置，入出力装置について述べる。次に，ソフトウェアについて，オペレーティングシステム，プログラミング言語，アルゴリズムを説明する。

3.1　コンピュータのハードウェア

この節では，コンピュータのハードウェア，特にノイマン型コンピュータのしくみについて説明する。具体的には，基本構成，CPU，記憶装置，入出力装置について述べる。

3.1.1　ノイマン型コンピュータ

現在のコンピュータはすべてノイマン型のコンピュータである。**ノイマン型コンピュータ**の基本構成（三大装置）は，CPU（中央処理装置：Central Processing Unit），記憶装置（メインメモリと補助記憶装置），入出力装置からなっている（図 3.1）。

CPU は，命令の解読やプログラムの流れの制御を行う**制御装置**と，数値計算を行う**演算装置**，そしてデータを一時記憶する**レジスタ**からなり，さまざまな数値計算や情報処理，機器制御などを行うコンピュータにおける中枢部である。これは**トランジスタ**などの半導体からなる**論理回路**でできており，現在ではワンチップ化されている[1]。最近では，複数の CPU をワンチップに収めた

---

1)　パソコンのカタログなどをみると，CPU チップのことを単に CPU とよぶことが多い。

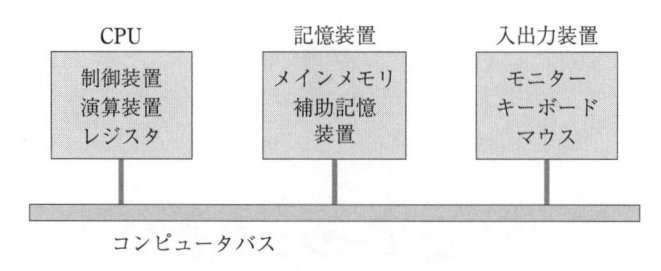

図 3.1　コンピュータの基本構成

デュアルコアやクアッドコアが主流になっている。ここでいう"コア"が CPU のことである。

　記憶装置には，大きく分けてメインメモリと補助記憶装置がある。**メインメモリ（主記憶装置）**は，主に **RAM**(Random Access Memory)とよばれる半導体でできており，高速にアクセスできるが，電源を切るとすべてのデータが消えてしまう。一方，**補助記憶装置**には，ハードディスク装置(HDD)のほか，フロッピーディスクや CD, DVD などもある。アクセススピードは遅いが，大容量で，電源を切ってもデータは消えない。

　入力装置には，キーボードやマウス，タッチパネルなどがある。出力装置には，モニター（ディスプレイ）やプリンタがある。**入出力装置(I/O)**としては，LAN カードやモデム，無線 LAN アダプタなどの通信装置がある。そして，これらのハードウェアは**コンピュータバス**とよばれる高速な通信線によって図3.1 のようにつながれている。

　ノイマン型コンピュータの特徴は，プログラムもデータと同様，「0」と「1」で符号化され，記憶装置内に区別なく格納されていることである。これを**プログラム内蔵**(stored program)**方式**とよぶ。

3.1.2　CPU

　CPU 内では，どのように命令（プログラム）が処理されているのだろうか？実際には，以下のような処理が CPU 内で実行されている。

　1)　プログラムカウンタを参照して，実行すべき命令を取り出す。
　2)　取り出された命令を解読する。
　3)　命令実行に必要なデータをメインメモリから取り出す。

4) 命令を実行する。

5) 実行結果をメインメモリの定められた場所に格納する。

6) プログラムカウンタを更新する。

ここで，**プログラムカウンタ**(PC)とは，次に実行すべき命令が格納されているメインメモリ上のアドレスを記憶しているレジスタのことである。

例 3.1 メインメモリ上のアドレス A に格納されているデータ D_A とアドレス B に格納されているデータ D_B を足して，その結果 D_C をアドレス C に格納する場合を例に説明しよう。

1) プログラムカウンタを参照して，実行すべき命令を命令レジスタ(IR)に入れる。

2) 取り出された命令を解読する。

ここでは，「$D_C = D_A + D_B$」の機械語命令であったとする。

3) アドレス A とアドレス B に格納されているデータ(D_A と D_B)をメインメモリからレジスタに移す。

4) $D_A + D_B$ を実行し，その結果をレジスタに入れる。

5) レジスタに入っている実行結果 D_C をメインメモリ上のアドレス C に格納する。

6) プログラムカウンタを更新する。

ここで，すべての処理がレジスタを介して行われていることに注意すること。

上の例からわかるようにノイマン型コンピュータの場合，CPU とメインメモリ間でのデータのやりとりが非常に多いことがわかる。そのため，メインメモリのアクセススピードが高速でないと，いくら CPU が高速であっても，それがボトルネックとなって高速に処理できない。これはノイマン型コンピュータの大きな欠点で，**ノイマンボトルネック**とよばれている。

3.1.3 記憶装置と入出力装置

ノイマン型コンピュータでは，データもプログラムも記憶装置に格納されており，大容量でなければならない。さらに，それへのアクセスが頻繁に起こるため，非常に高速にアクセスできなければならない。しかし，大容量で高速なメモリを用意しようとすると大変高価なコンピュータとなってしまう。そこで，このノイマンボトルネックを解決するために記憶装置の階層構成という考

え方が使われている。

　記憶装置の階層構成とは，図 3.2 に示すように，キャッシュメモリ(メイン
メモリより高速なメモリで，現在は CPU チップ内にある)，メインメモリ，
補助記憶装置(HDD)が階層的に配置されており，データのやりとりは，CPU
—キャッシュメモリ間，キャッシュメモリ—メインメモリ間，メインメモリ—
補助記憶装置間でのみ行われるしくみである。下にいくほど大容量の記憶装置
だが，アクセススピードは遅くなる。CPU はキャッシュメモリになかった
データを補助記憶装置に直接もらいにいくことはできず，キャッシュメモリ，
メインメモリと順にたどっていかなければならない。その代わり，補助記憶装
置でみつけたデータは，そのデータだけを持ち帰るのではなく，今後アクセス
されることを想定して，そのまわりのデータも一緒に持ち帰ることとなる。こ
うすることによって，それ以降のデータアクセスの際，キャッシュメモリやメ
インメモリでヒットする確率が向上する。もちろん，CPU のメモリアクセス
がランダムな場合は効果がないかもしれないが，メモリアクセスは以前にアク
セスしたアドレスの近隣をアクセスする傾向にあり，十分な効果がある。この
ことを**メモリアクセスの局所性**という。このように，記憶装置を階層的に配置
することで，ノイマンコンピュータの欠点であるノイマンボトルネックを解決
している。

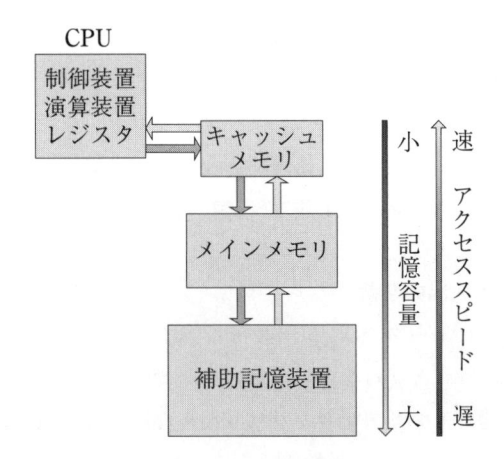

図 3.2　記憶装置の階層構成

以下で，個々の記憶装置と入出力装置についてみていこう。

・記 憶 素 子

記憶素子には，ROM(Read Only Memory)と RAM(Random Access Memory)がある。**ROM** は，読み出し専用の記憶素子で，書き換えることができないが，電源を切ってもデータは消えない。**RAM** は，主にメインメモリに使われる記憶素子で，電源を切るとデータが消えてしまう。RAM には，DRAM(Dynamic RAM)と SRAM(Static RAM)があり，**DRAM** は，コンデンサの電荷の状態でデータを記憶し，自然放電を補うため常時データ書き込み(リフレッシュ)を繰り返す。**SRAM** は，トランジスタでできており，常に電流が供給されている。SRAM のほうが高速にメモリアクセスできるが高価であり，パソコンではメインメモリに DRAM(特に SDRAM(Synchronous Dynamic RAM))が採用されている。

・HDD

HDD(Hard Disk Drive, ハードディスク装置)は，磁性体を塗布した複数の円盤(ハードディスク)に磁気ヘッドを用いて情報を記録する装置で，コンピュータの補助記憶装置として使われることが多い。最近では，数テラバイト以上の容量をもち，アクセススピードも補助記憶装置としては割と高速である。

・記憶メディア

レーザ光を用いてデータの読み書きを行う記憶メディアが光ディスクである。光ディスクとしては，大きく分けて，**CD**(Compact Disc)と **DVD**(Digital Versatile Disk)と BD(**Blu-ray Disc**)がある。表 3.1 に光ディスクの種類を列挙する。

一方，半導体メモリの一種で，電源を切ってもデータが消えない記憶メディアがフラッシュメモリである。**フラッシュメモリ**としては，各種メモリカードや，USB メモリ，SSD(Solid State Drive)などがある。代表的な**メモリカード**には **SD メモリカード**があり，デジカメや携帯電話などの記憶メディアとして広く利用されている。**USB メモリ**は，パソコンユーザのデータ持ち運び用としてよく使用されている。**SSD** は少し高価となるが，HDD の代わりとしてノートパソコンに搭載されはじめており，HDD に比べアクセススピードが高速で，消費電力が少なくてすむという利点がある。

表 3.1 光ディスクの種類

名 称		記憶形式	記憶容量
CD	CD-ROM	再生専用	700 MB
	CD-R	追記型	
	CD-RW	書換型	
DVD	DVD-ROM	再生専用	4.7 GB
	DVD-R / DVD+R	追記型	
	DVD-RW / DVD+RW	書換型	
	DVD-RAM	書換型	
BD	BD-ROM	再生専用	25 GB
	BD-R	追記型	
	BD-RE	書換型	

・入 力 装 置

　入力装置としては，キーボードやマウスだけでなく，テンキーボード，ト
ラックボール，トラックパッド，ポインティングスティック，タッチパネル，
イメージスキャナ，バーコードリーダなどさまざまなものが存在する。

・出 力 装 置

　出力装置としては，ディスプレイやプリンタなどがある。

・通 信 装 置

　コンピュータ間をネットワークを介して通信するための装置である**通信装置**
としては，モデム，ADSL モデム，LAN カード，無線 LAN アダプタなどが
ある。

・インターフェース

　データ転送方式には，複数のデータ線を使って同時に転送するパラレル転送
方式と，1 本のデータ線で通信するシリアル転送方式がある。**パラレル転送方
式のインターフェース**には，SCSI[2]，IDE[3]，IEEE1284 などがある。**シリアル
転送方式のインターフェース**には，IEEE1394，SATA[4]，USB[5]，RS-232C，

2) Small Computer System Interface
3) Integrated Drive Electronics
4) Serial Advanced Technology Attachment
5) Universal Serial Bus

DVI[6]などがある。その他，赤外線データ通信のIrDA[7]や，近距離無線データ
通信のBluetooth，ZigBee，Wireless USBなどがある。

3.2 コンピュータのソフトウェア

この節では，コンピュータのソフトウェア，特にオペレーティングシステム
(OS)，プログラミング言語と，アルゴリズムについて解説する。

3.2.1 オペレーティングシステム

オペレーティングシステム(OS)とは，基本ソフトウェアともよばれ，コン
ピュータのハードウェアを動作させるために共通に必要なソフトウェアの集合
である。メモリやハードディスクの管理，キーボード入力や出力のように，多
くのソフトウェアで共通して利用される機能を提供している。オペレーティン
グシステムの主な機能には，プロセス管理，メモリ管理，ファイルシステム，
インターフェースなどがある。

図3.3にオペレーティングシステムの位置付けを図示する。アプリケーショ
ンソフトウェアとは，ある特定の目的のために作成されたユーザが直接利用す
るソフトウェアのことで，ワープロソフトや表計算ソフトなどのオフィスソフ
トの他，Webブラウザ，電子メールソフト，セキュリティソフト，ユーティ
リティソフトなどがある。ミドルウェアとは，アプリケーションソフトウェア
とオペレーティングシステムの中間に位置するもので，ある特定のアプリケー
ションソフトウェアが要求するさまざまな処理をオペレーティングシステムに
橋渡しする役目をしている。

パソコンやワークステーション用のオペレーティングシステムの例として
は，MS-DOS，UNIX(Linux)，MacOS，MS-Windowsなどがある。ユーザ
インターフェースとしては，当初UNIXやMS-DOSのようにコマンドライン
から文字でコマンドを入力するCUI[8]が主流であった。しかし，Macの登場

---

6) Digital Visual Interface
7) Infrared Data Association
8) Character-based User Interface

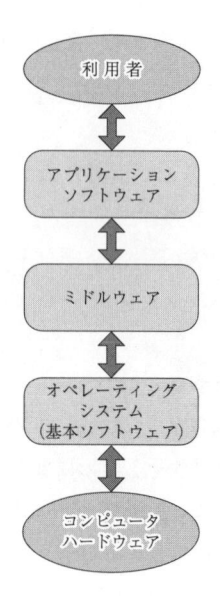

図 3.3　オペレーティングシステムの位置付け

以降，マウスなどを使ってグラフィック表示により直感的に操作できる **GUI**[9] がユーザインターフェースの主流となっている。Windows10 や MacOS がその例である。

　MS-DOS や MS-Windows などのオペレーティングシステムでは，特定のアプリケーションソフトウェアとファイルを関連づけるために拡張子とよばれるものが利用されている。**拡張子**とは，「.」で区切られたファイル名の後半部の文字列のことで，多くの場合は 3 文字からなる。たとえば，「.exe」や「.com」は，実行可能ファイルを表す。

国産 OS TRON ─────────────────────────────

　OS といえば，Windows や MacOS に代表されるようにアメリカ製のものが主流であるが，日本製の OS も存在する。その一つが TRON(The Real-time Operating system Nucleus)とよばれる OS である。1984 年に，当時 東京大学の坂村健が日本のコンピュータメーカを中心に参加を呼びかけ，TRON プロジェクトが発足し

---

9)　Graphical User Interface

た。TRON プロジェクトでは，組込みシステム向けの ITRON，パソコン向けの BTRON，通信機器向けの CTRON，分散 OS 向けの MTRON などの開発を行った。この開発で養われた技術は，現在のディジタル機器の開発に十分活かされている。

3.2.2 プログラミング言語

オペレーティングシステムからアプリケーションソフトウェアまで，コンピュータ内のソフトウェアはすべてプログラム（ソースコード）からできている。プログラムを記述するためのコンピュータ言語が**プログラミング言語**である。

プログラミング言語には，低水準言語と高水準言語がある。低水準言語はハードウェアと直接関連した言語で，機械語やアセンブリ言語がある。**機械語**は，コンピュータが直接理解できる言語で，2 進数で記述されている。**アセンブリ言語**は，機械語の命令コードを人間が理解しやすいように記号化したものである。一方，高水準言語（高級言語）には，コンパイラ言語とインタープリタ言語がある。**コンパイラ言語**とは，コンパイラとよばれるソフトウェアで一括して機械語に変換するプログラミング言語である。**インタープリタ言語**は，1 行（1 命令）ごとに機械語に変換しながら実行する言語である。最近のプログラミング言語では，コンパイラとインタープリタの両方が用意されている言語も少なくない。

以下に，プログラミング技法の変遷をたどりながらプログラミング言語を紹介する。

・**制御フロー型プログラミング** 制御の流れにそって記述していくプログラミング技法。ハードウェアにそったプログラミングで，"goto 文"を多用する傾向にある。これに属する言語には，機械語，アセンブリ言語，FORTRANなどがある。

・**構造化プログラミング** プログラムを手続き（procedure）に分け，手続き間の関係を明瞭にすることにより，わかりやすいプログラムをめざしたプログラミング技法。1967 年にダイクストラ（E.W. Dijkstra）らによって提唱された。これに属する言語には，C や Pascal などがある。

・**抽象データ型プログラミング**　　データとそのデータを扱う手続きの集合
(モジュール)単位で記述するプログラミング技法。モジュール内を隠蔽できる
ことから再利用性に優れている。これに属する言語には，米国国防総省が開発
した Ada がある。

・**オブジェクト指向プログラミング**　　データや手続きを相互にメッセージを
送りあうオブジェクトと考え，オブジェクトの集合であるクラス単位で記述す
るプログラミング技法。階層化されたクラスとその継承機能を利用することに
より，プログラムの再利用性だけでなく，開発効率の向上が期待できる。これ
に属する言語には，Smalltalk，Java，C++ などがある。

3.2.3　アルゴリズム

　ここでは，プログラムを作成する際，その考え方のもととなるアルゴリズム
について，ソートを例に解説する。**アルゴリズム**とは，「与えられた問題を解
くための，機械的操作(あいまいな部分のない操作)からなる有限の手続き」と
定義することができる。アルゴリズムは，プログラムと同様に処理手順である
が，プログラム言語には依存しない。図 3.4 に，ソフトウェア，プログラムと
アルゴリズムの関係を図示する。

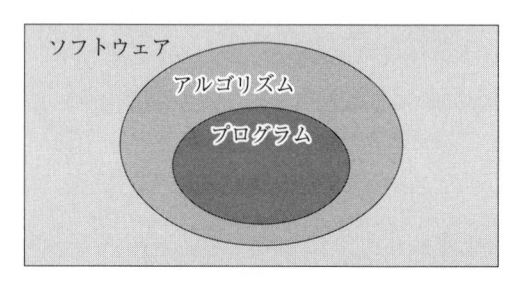

図 3.4　アルゴリズムの関係

　それでは，ソートに対する基本的な 3 つのアルゴリズム(バブルソート，バ
ケットソート，クイックソート)を紹介しよう。ここで，**ソート**(**整列**)とは，
データ列を大きさの順に並べることである。実際のプログラムでも非常によく
利用されている。

●バブルソート

バブルソートとは，「端の要素から順に隣り合う2つの数を比較し，逆順のとき交換し，この操作を交換の必要がなくなるまで行う」アルゴリズムである。言葉ではわかりにくいので，下記の例で説明する。

例 3.2　図3.5のように，8個の整数(5, 4, 3, 1, 8, 6, 3, 2)が縦に並んでいたとする。これを上から小さいもの順にバブルソートによって並べ替える。下から順に隣り合う2つの数字を比較して，もし上のほうが大きかったら入れ換える。この操作を順に繰り返す。一番上までこの操作を行うと，一番上に一番小さい数(1)がくる。次に，また一番下から同様な操作を行うと2番目に小さい数(2)が上にくる。これを図3.5のように繰り返せば，ソートが完成する。

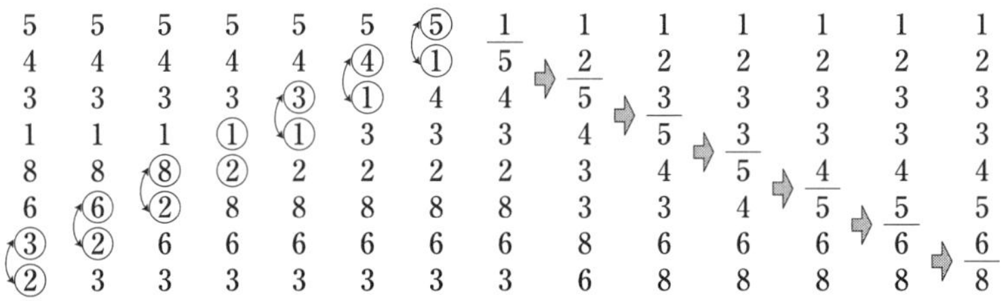

図 3.5　バブルソート

小さい数字がまるでバブル(泡)のように上にいくことから，バブルソートと名付けられた。計算の手間は決して少ないといえるアルゴリズムではないが，考え方が簡単で，プログラムが容易に組めることから，データ数が少ない場合に利用されている。

●バケットソート

バケットソートとは，「ソートされる要素がある範囲の整数であるとする。その範囲の添え字をもった配列(バケット)を用意し，要素を順に対応する添え字の配列に格納し，添え字の順に配列から要素を取り出す」アルゴリズムである。バケットソートも下記の例で説明する。

例 3.3　これも 8 個の整数(5，4，3，1，8，6，3，2)の例で説明する(図 3.6)。ソートされる要素の最大値(この場合 8)と最小値(この場合 1)から，8 個の配列(バケット)を用意し，配列の要素をすべて 0 に初期化する。一番最初の 5 から順にその数字に対応する添え字の配列の値をプラス 1 していく。次に，添え字の 1 から順に配列の要素をみて，その要素数だけ添え字の値を出力する。それがソート結果である。

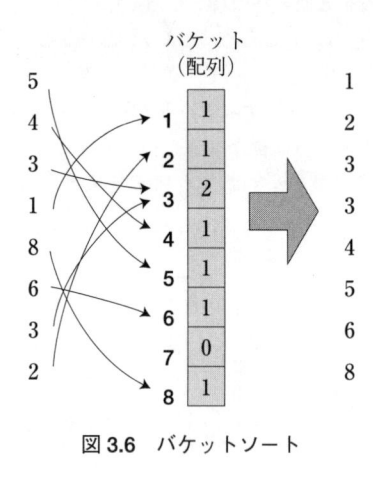

図3.6　バケットソート

　このアルゴリズムは，計算の手間が非常に少なく，高速なアルゴリズムであるが，整数でしか使えず(このアルゴリズムを拡張した基数ソートならば，文字列なども扱える)，整数の範囲がデータ数に比べて大きい場合，効率が悪くなるという欠点をもっている。

●クイックソート

　最後に，**クイックソート**とは，「ある基準値(軸要素)を設定し，それより大きい要素と小さい要素にグループ分けするという操作を再帰的に繰り返す」アルゴリズムである。クイックソートも下記の例で説明する。

例 3.4 図 3.7 のように，8 個の整数(5, 4, 3, 1, 8, 6, 3, 2)が横に並んでいた
とする。まず，要素の中で最小ではないことが保証されている軸要素を適当な方法
で決める(この例では，左から要素をみていき，最初の隣より大きい要素)。軸要素
が決まれば，それ未満の要素(左配列)とそれ以上の要素(右配列)に分ける。この操
作を再帰的に要素が 1 種類になるまで繰り返す。一番下の要素を左から順にみてい
くと，ソートされていることがわかる。

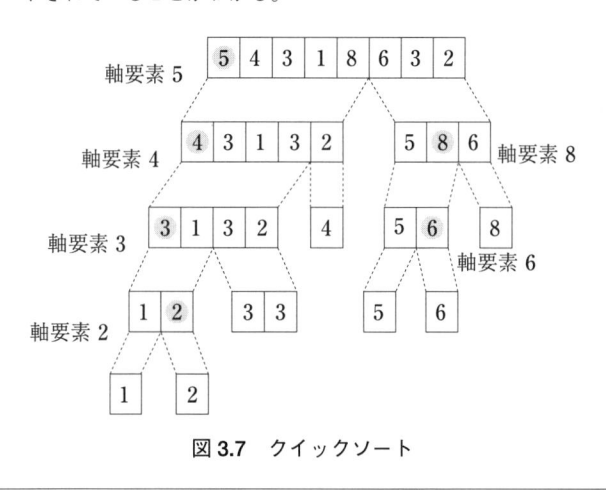

図 3.7　クイックソート

　このアルゴリズムは，名前のとおり高速で，プログラムも組みやすいことか
ら最もよく利用されているソートアルゴリズムである。平均的には高速なアル
ゴリズムであるが，"最悪の場合"については最も高速なアルゴリズムとはいえ
ない(軸要素の選び方に工夫を凝らせば，最悪の場合でも理論的に高速なアル
ゴリズムにすることは可能だが，実用的ではない)。ヒープソートやマージ
ソートのように，理論的に最悪の場合でも高速なアルゴリズムは存在するが，
実際の場合，クイックソートより高速であるとはいえず，実用上はクイック
ソートで十分である。ここで，**ヒープソート**とは，ヒープとよばれる木構造の
データ構造を利用したアルゴリズムで，**マージソート**とは，マージとよばれる
2 つのソートされた列から 1 つのソートされた列を生成する操作を利用したア
ルゴリズムである。

参 考 文 献

浅野哲夫・和田幸一・増澤利光著，アルゴリズム論，オーム社(2003)

伊藤憲一著，コンピュータと情報処理の基礎，共立出版(2008)

茨木俊秀著，Cによるアルゴリズムとデータ構造，オーム社(2014)

岡田博美編著，コンピュータの基礎知識，昭晃堂(1995)

川合慧監修／河村一樹編著，情報とコンピューティング，オーム社(2004)

坂井修一著，コンピュータアーキテクチャ，コロナ社(2004)

立花隆他著，新世紀デジタル講義，新潮社(2000)

菱田隆彰・寺西裕一・峰野博史・水野忠則著，オペレーティングシステム，共立出版
　(2014)

<h1 style="text-align:center">4</h1>

<h1 style="text-align:center">コンピュータネットワーク</h1>

　この章では，インターネットに代表されるコンピュータネットワークについて解説する。まず，ネットワークの仕組みおよびインターネットの概要について，次に，インターネットで用いられる通信規約であるプロトコルについて説明する。また，インターネットを用いたアプリケーションについても述べる。

4.1　ネットワークとは

　コンピュータネットワークとは，複数のコンピュータを有線ないしは無線通信技術により接続し，相互通信を可能としたものである。ネットワークは通常，図 4.1 に示すように，ノードおよびそれらのノードの接続を表すリンクによって表現される。ネットワークの形態としては，スター型，リング型，メッシュ型等が存在する。コンピュータネットワークにおいては，ノードはパソコン，スマートフォン，タブレット等のコンピュータや，ルータといったネットワーク機器を表す。また，ノード間のリンクは，ツイストペアケーブルや光

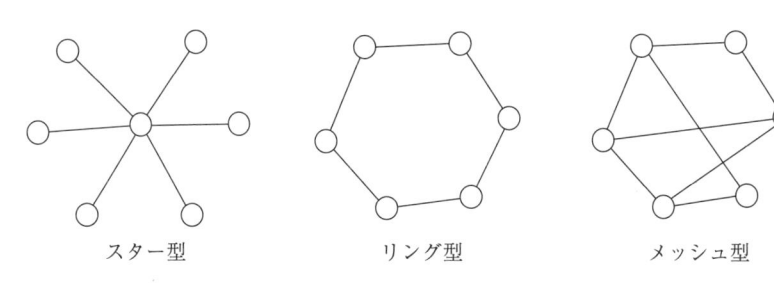

スター型　　　　　　リング型　　　　　　メッシュ型

図 4.1　ネットワーク(○ ノード，── リンク)

ファイバケーブル等の有線ケーブルや，電磁波による無線通信によってノード
どうしが直接通信可能であることを意味する。

　コンピュータネットワークは，その規模に応じて **LAN**(Local Area Network)，**MAN**(Metropolitan Area Network)，**WAN**(Wide Area Network)等
に分類される。LAN は大学のキャンパスやオフィスビルといった狭い範囲内
(ローカルなエリア)で構成されるネットワークである。現在では，有線 LAN
だけではなく無線 LAN(Wi-Fi という名称が使われることが多い)が，大学や
オフィスだけでなく家庭内でも幅広く使われるようになっている。MAN は都
市や市街地程度の大きさをカバーするようなネットワークであり，LAN どう
しを相互接続する。また，WAN は各都市間を結ぶような広域のネットワーク
であり，LAN や MAN を接続する。一般的には，ネットワークが広域になる
ほどより多くのトラヒック(ネットワーク上で送受信される情報)を収容する必
要があるため，より大容量伝送が可能となる仕組みがとられる。

4.2　インターネットで用いられる技術

　インターネットは，LAN や MAN，WAN 等の世界中に存在するコンピュー
タネットワークを，ルータとよばれるネットワーク機器により相互接続したも
のである(図 4.2)。各ネットワークに接続されたコンピュータは，ルータを介
してネットワークをまたぐことで情報のやり取りを行うことができる。以下で
は，インターネットで用いられる技術について説明する。

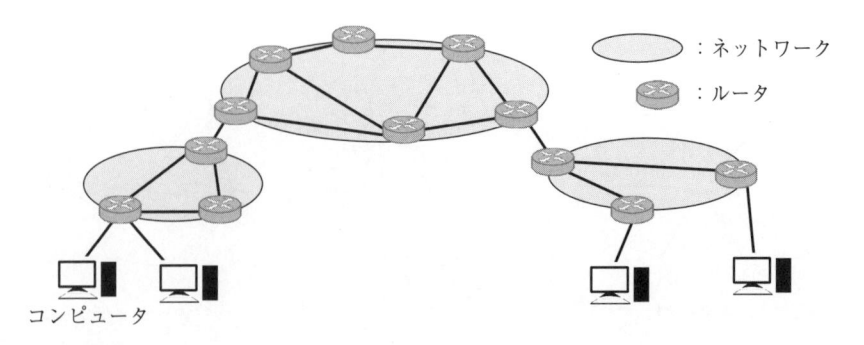

図 **4.2**　ルータによるネットワークの接続(インターネット)

4.2.1 パケット交換

インターネットに接続された各コンピュータは，画像，音声，動画，データファイル等のディジタル情報を，インターネットを通じて相互にやり取りする。その際に使用される，情報を届けるための仕組みが**パケット交換**である。パケット交換では，送りたい情報を**パケット**とよばれる細かい断片に分割し，それらを途中のルータにリレーしてもらうことで宛先のコンピュータにデータを届ける。図 4.3 にパケット生成の例を示す。まず送りたいデータがあるときに，データを一定の大きさに分割する。分割された各データに対して，データの送信元や宛先といった制御に必要な情報を保持するヘッダを付加する。このように形成された各データをパケットとよぶ。

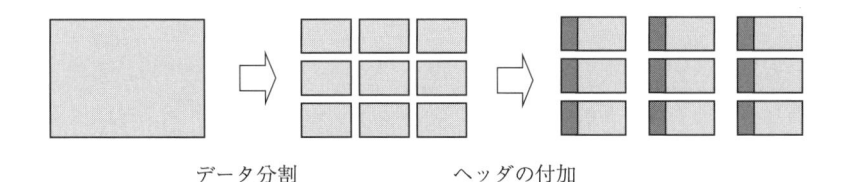

データ分割 ヘッダの付加

図 4.3 パケットの生成

図 4.4 にパケットを送信元コンピュータ A から宛先コンピュータ B へ届ける様子を示す。コンピュータ A において，送信される情報はパケットに分割される。その後，分割されたパケットは順にコンピュータ A から送出され，隣接するルータに渡される。ルータは，受け取ったパケットのヘッダ情報を見

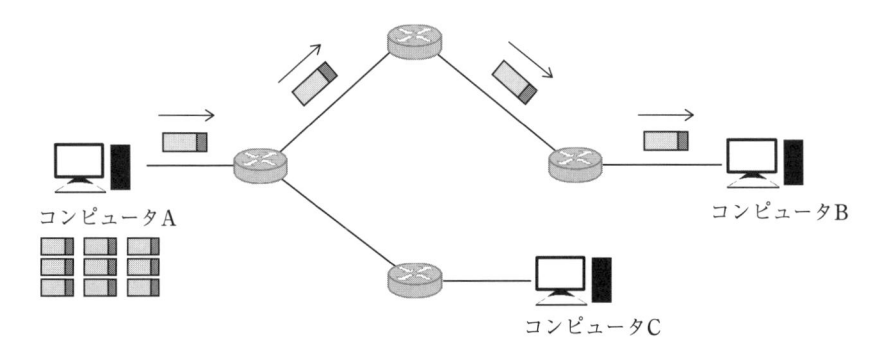

コンピュータA

コンピュータB

コンピュータC

図 4.4 パケットの送信

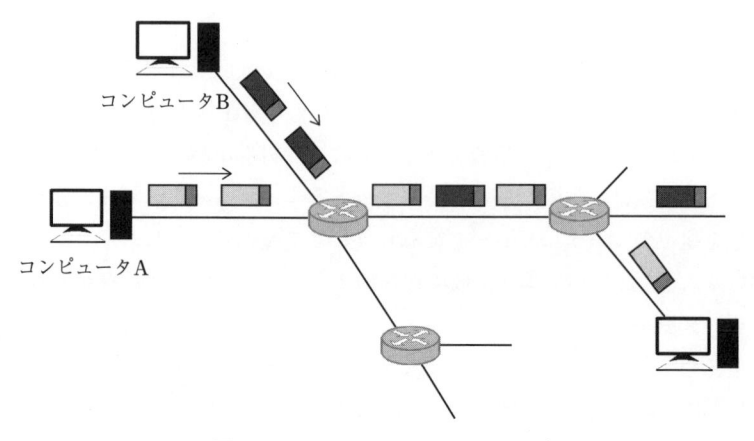

図4.5　パケットによるリンクの共有

て，そのパケットを送出する方向を決め，次のルータにリレーする。この手順
を繰り返すことで，最終的に宛先のコンピュータBまでパケットを届けるこ
とが可能となる。

　パケット交換の利点は，複数の送受信コンピュータがネットワークのリンク
を効率的に共有できることである（図4.5）。図において，コンピュータAとコ
ンピュータBがパケットを各宛先に向かって送信している。中継のルータに
送られてきたパケットは，どのコンピュータから送られてきたかにかかわら
ず，到着した順序でルータに処理され，次のルータへのリンクへ送出される。
この際，もしコンピュータBのパケットがリンクを使用していなければ，コ
ンピュータAはそのリンクを独占的に使用することが可能である。また，他
のコンピュータから送信されてきたパケットが存在する場合，それらのパケッ
トを含めてリンクが共有される。このように，パケット交換では，通信状況に
応じて通信資源が共有されるため，リンクを効率良く利用できるのである。

4.2.2　プロトコル階層モデル

　コンピュータネットワークで通信を行うための規定（約束事）をプロトコルと
いう。コンピュータどうしが通信を行うためには，それらは統一された通信規
定を使用する必要がある。たとえば，人間どうしの会話も情報のやり取りを行
う通信であると考えられるが，この際，日本語といったお互いに理解できる共

通の言語を使用することで会話が成立する。一方，英語がわからない人に対して，英語で話しかけても会話は成立しない。人間どうしの会話においては，この言語がプロトコルにあたるといえる。コンピュータにおいても同様に，送受信者が同じプロトコルを使用することで通信が成立する。

　コンピュータネットワークで使用されるプロトコルは，標準化により国際的に統一されている。異なる国や地域，また，異なるメーカやオペレーティングシステムのコンピュータどうしでも，標準化された共通のプロトコルを用いることで通信を行うことが可能となる。

　実際には，コンピュータネットワークは単一のプロトコルではなく，さまざまなプロトコルをあわせて用いることで通信を成立させている。この際，通信に必要な機能を階層的に分割し，各階層においてプロトコルを設計，実装することでプロトコル設計の単純化を行っている。図 4.6 にインターネットで使用される**プロトコル階層モデル**（**TCP/IP 階層モデル**とよばれる）を示す。インターネットでは一般に 5 階層のモデルが使用され，上から**アプリケーション層**，**トランスポート層**，**ネットワーク層**，**リンク層**，**物理層**とよばれる。以下にそれぞれの役割を簡潔に示す。

- ・アプリケーション層：　ネットワークアプリケーションどうしが通信を行う際に必要な制御を規定する。
- ・トランスポート層：　情報を確実に相手に届けるような信頼性の高い通信を保証するための制御を規定する。
- ・ネットワーク層：　1 つもしくは複数のネットワークをまたいで，送信元

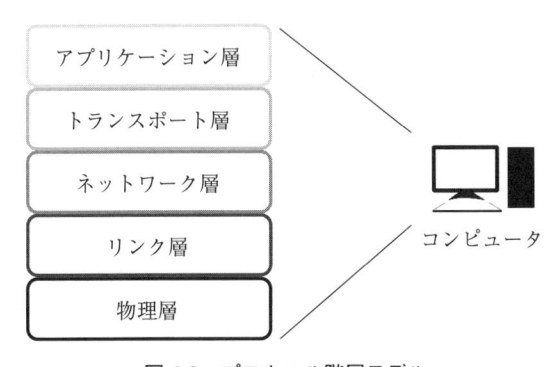

図 4.6　プロトコル階層モデル

コンピュータから宛先コンピュータまでパケットを届けるための制御を規定する。

・リンク層：　各ネットワーク内において，直接接続されたネットワーク機器間の通信の制御を規定する。

・物理層：　0, 1のビット列で表されるディジタル情報を転送するために必要な制御を規定する。

4.2.3　プロトコル階層モデルにおける通信

プロトコル階層モデルにおいては，図4.7に示すように，情報の送受信を行うコンピュータは5階層すべての機能をもつ。また，情報はルータを介して別のネットワークに送信されるが，ルータは下から3階層（ネットワーク層，リンク層，物理層）までの機能をもつ。コンピュータやルータではそれぞれの層において，必要に応じたプロトコルが実装される。なお，隣接しているコンピュータもしくはルータどうしにおいては，同階層に同じプロトコルを使用する必要がある。

パケット送信の際には，送信側コンピュータのネットワークアプリケーションは，送りたいパケットをアプリケーション層に渡し，アプリケーション層で実装されているプロトコルによる処理に必要なヘッダを付加する。次に同様

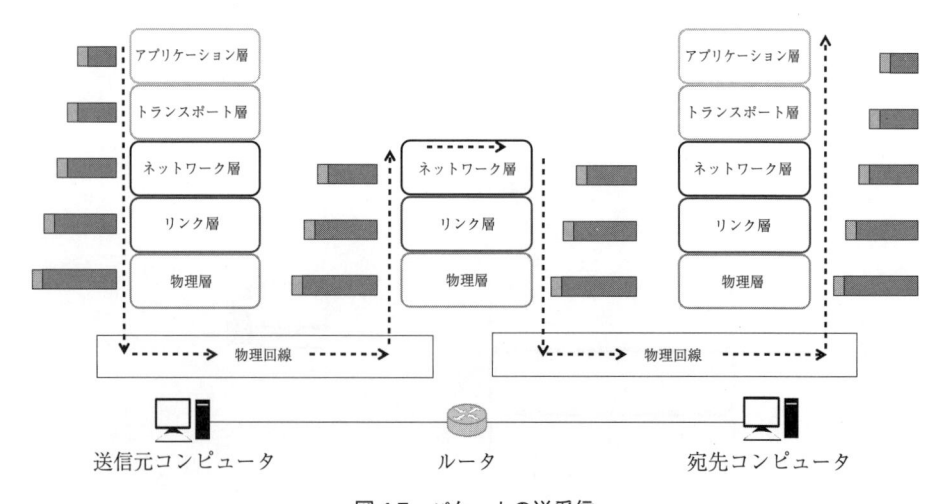

図 4.7　パケットの送受信

に，トランスポート層，ネットワーク層と，下位の層に順次パケットを渡していき，その度に，各層で実装されているプロトコルに必要なヘッダを付加する。最後に物理層から物理回線にパケットを送り出し，隣接するルータに渡す。

ルータにおいては，今度は逆に，受け取ったパケットを物理層から上位層へパケットを渡していく。この際，送信元コンピュータの各層で付加されたヘッダに従って，対応する階層のプロトコルによる処理を行う。処理されたパケットはその層のヘッダが除去され，より上位の層へ渡される。その後，ルータは再びネットワーク層から下位層へパケットを渡していき，物理回線へパケットを送出する。パケットを受け取った宛先コンピュータでは，物理層からアプリケーション層まで同様の手順でパケットを渡していき，最終的にもとの情報が復元される。

4.3 各階層の機能

ここでは，リンク層，ネットワーク層，トランスポート層のそれぞれの役割や機能，プロトコルについて，より詳しくみていく。

4.3.1 イーサネット

リンク層プロトコルは，ネットワーク内における隣接するネットワーク機器間の通信制御を規定するものである。ユーザにとって身近なものでは，有線LANで一般的に使用されている**イーサネット**（Ethernet）がある。イーサネッ

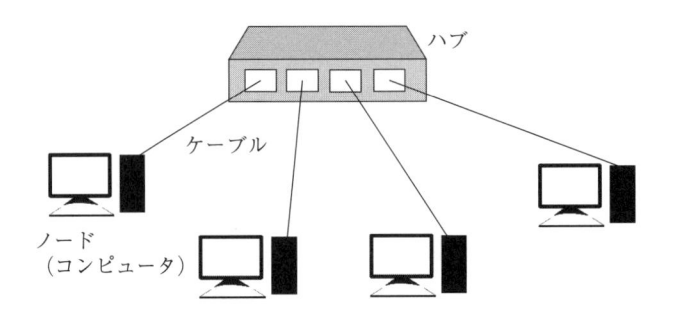

図 4.8 ハブによるコンピュータの接続

トで広く用いられる LAN の構成として，図 4.8 に示すようなスター型モデル
がある。これはハブ（もしくは，より高性能な機能をもつスイッチングハブ）と
よばれるネットワーク機器を利用して，ツイストペアケーブル等の通信媒体で
ノード（ここではコンピュータもしくはルータ）どうしを接続したものである
（ルータは LAN の出口に接続される）。

　イーサネットでは基本的に，通信媒体が各ノードに共有される。送信元ノー
ドがフレーム（イーサネットにおけるパケット）を送信するとき，ネットワーク
に接続されているノードすべてに対してフレームを送る。フレームには，送信
元と宛先ノードの識別番号である MAC アドレス（それぞれ，送信元 MAC ア
ドレス，宛先 MAC アドレスとよぶ）がヘッダ部分に記載されている。フレー
ムを受信したノードは，フレームの宛先 MAC アドレスが，自身の MAC アド
レスと一致した場合にフレームを受け取り，それ以外の場合は届いたフレーム
を受け取らず破棄することで通信が成立する。この MAC アドレスは 48 ビッ
トで構成されているが，一般には 8 ビットごとに「:」で区切られ，
「00:22:CF:45:EA:25」のように，それぞれの固まりは 16 進数 2 桁で表現され
る。MAC アドレスはハードウェア固有のアドレスであり，通常は重複するこ
とはない（意図的に変更した場合は重複する）。

　イーサネットでの重要な通信制御技術として **CSMA/CD**[1] がある。イーサ

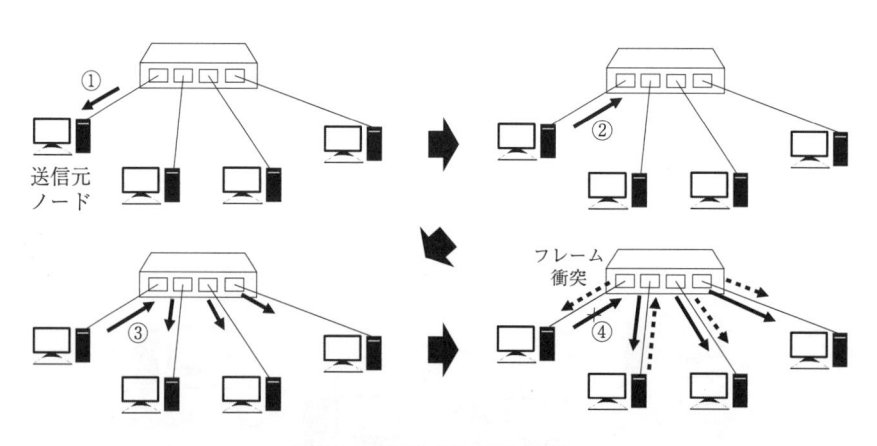

図 4.9　**CSMA/CD** の基本動作

---

1)　Carrier Sense Multiple Access with Collision Detection

ネットでは上述のように，通信媒体が各ノードに共有されており，ネットワークに接続されているノードすべてにフレームが送信される。この場合，複数のノードが同時にフレームを送信すると，フレーム衝突が発生し，正しく送信することができない。そこで，CSMA/CD では，以下の手順でフレームを送信することでこの問題に対応している（図 4.9）。

① 送信元ノードは，送信中の他のフレームがないか監視。

② 他のフレームが流れていない場合に自身のフレームを送信。

③ フレーム送信中に，フレーム衝突が発生していないか監視。

④ 衝突が検出された場合は，送信を中止し，ある程度待ってから再送信。

4.3.2　IP（インターネット プロトコル）

ネットワーク層プロトコルとして代表的なものに，**IP**（Internet Protocol）がある。これはまさに，インターネットを特徴づけるプロトコルであり，各コンピュータのアドレス管理や，送信元コンピュータから宛先コンピュータまでの経路の決定などを行う。

IP で使用されるアドレスは **IP アドレス**とよばれ，32 ビット（現在普及しているバージョンである IPv4 の場合）で構成される。また，一般的には人間が理解しやすいように，8 ビットずつに「.」で区切られ，「192.0.2.25」のように，4 つの 10 進数の固まりで表現される。それぞれのコンピュータやルータは**インターフェース**（ネットワークへの接続口）に IP アドレスをもち，この IP アドレスをもとにパケットが宛先まで転送される。

図 4.10 に，複数のネットワークをまたいだ，IP パケット（IP におけるパケットであり，IP データグラムとよぶこともある）の転送の様子を示す。ルータは**ルーチングテーブル**とよばれる経路表を事前に作成し，それを保持している。ルーチングテーブルには，IP アドレスとそれに対応する出力先インターフェースが記載されている。ルータは送られてきた IP パケットのヘッダ部分に記載されている宛先 IP アドレスをもとに，その IP パケットを対応するインターフェースへ送出する。たとえば，コンピュータ A がコンピュータ B に IP パケットを送る場合，宛先 IP アドレスは「198.51.100.13」であるため，ルータ A ではインターフェース 3 へ送出される。同様にコンピュータ C へ IP パケットを送る場合，ルータ A ではインターフェース 2 へ送出される。このよ

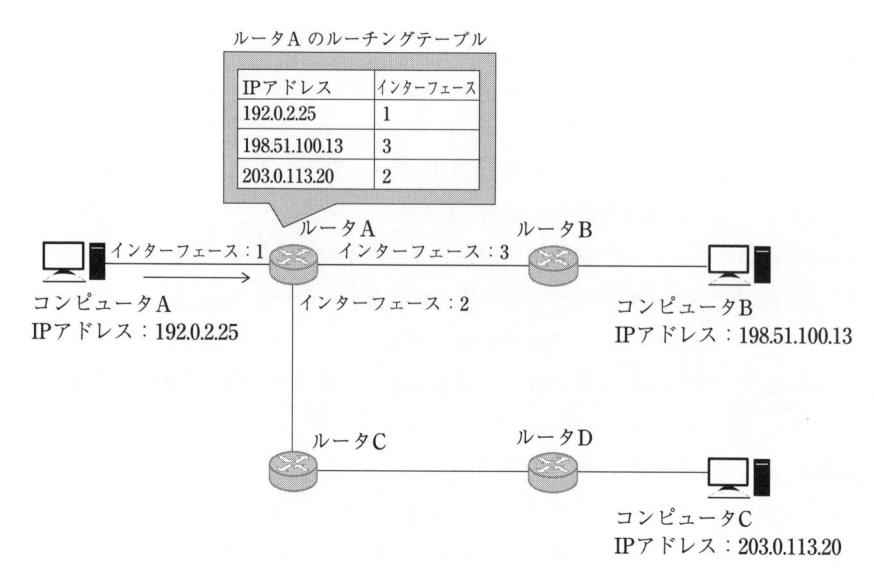

図 4.10 IP による転送

うにルーチングテーブルを使用して，ルータが IP パケットをリレーしていく
ことにより宛先コンピュータまで IP パケットが届けられる。

　IP アドレスと MAC アドレスは用途が異なる。IP アドレスは送信元から宛
先コンピュータまでの通信を制御するために使用される。一方，MAC アドレ
スは LAN 内の通信制御のために使用される。図 4.11 にその例を示す。図では
2 つの LAN がルータによって接続されている。いま，MAC アドレスが「W」
（簡略化しているが本当は 48 ビットであることに注意），IP アドレスが
「192.0.2.25」であるコンピュータ A が，MAC アドレスが「Z」，IP アドレス
が「198.51.100.13」であるコンピュータ B にパケットを送信したいとする。こ
のとき，送信元コンピュータが送出するパケットにおいて，宛先 IP アドレス
は「198.51.100.13」であるが，宛先 MAC アドレスは「Z」ではなく「X」で
ある。これは中継するルータの MAC アドレスを示しており，これをもとにパ
ケットはルータに送られる。ルータでは受け取ったパケットの宛先 IP から送
出するインターフェースを決定し，リンク層のヘッダ部分を付け替え，宛先
MAC アドレスを「Z」とし，そのパケットを次の LAN へ送出する。このパ
ケットの宛先は「Z」であるので，宛先コンピュータ B に到達することができ

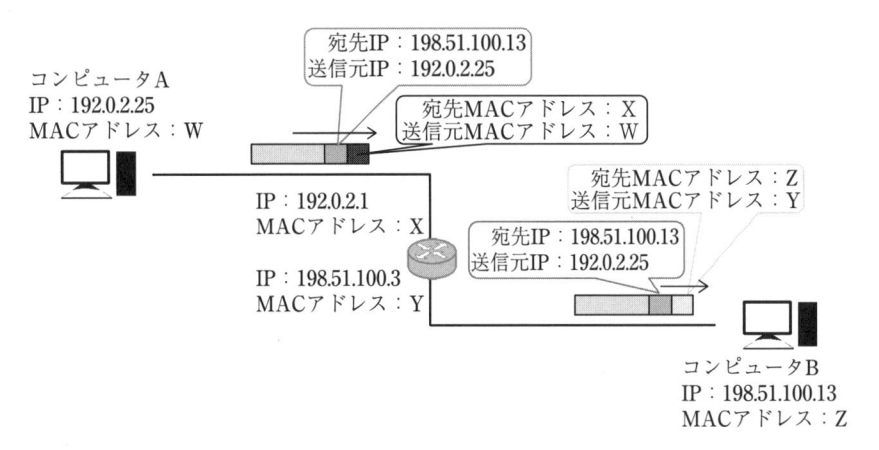

図 4.11 **MAC** アドレスと **IP** アドレスの違い

るのである。

4.3.3 TCP（トランスミッション コントロール プロトコル）

インターネットではルータの故障や混雑により，宛先までデータを届ける途中でパケットが失われる場合がある（これを**パケットロス**とよぶ）。IP には，パケットを宛先まで届ける機能は存在するが，失われたパケットを回復する機能はない。つまり，IP は信頼性のないプロトコルであり，インターネットを利用するにあたり，IP とは別に信頼性のある通信を提供するプロトコルが必要不可欠となる。そこで，トランスポート層プロトコルとして，信頼性のある通信を提供するものが **TCP**（Transmission Control Protocol）である。

TCP の主な機能の一つとして，**再送制御**がある。再送制御は送信中に失われたパケット（TCP では，セグメントとよぶこともある）の再送を送信元コンピュータが行う制御である。パケットの再送を行うためにはパケットロスを検出する必要があるが，インターネットの内部はブラックボックスとなっており，送信元コンピュータが内部のパケットロスを明示的に知ることができない。そこで TCP では**確認応答**とよばれるパケットを用いて間接的にパケットロスを検出する。これは，図 4.12 に示すように，宛先コンピュータがパケットを受け取るたびに，受け取ったことを知らせる確認応答を送信元コンピュータに送り返すことで実現する。送信元コンピュータは，パケットを送信したに

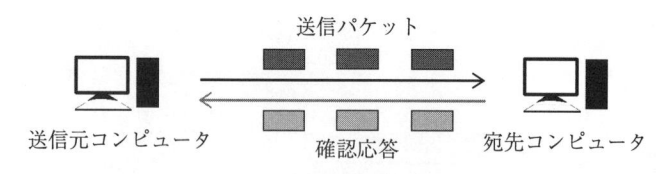

図 4.12　TCP の確認応答

もかかわらず確認応答が返らない場合にパケットロスが発生したと判断する。
この場合に，送信元コンピュータが当該パケットを再送することで宛先コン
ピュータまでパケットを届けることができる。

　TCP の他の重要な機能として，ふくそう(輻輳)制御がある。"ふくそう"と
は，ネットワーク内部の混雑を意味する。たくさんのコンピュータが好き勝手
に大量のパケットをインターネットに送信した場合，実際の道路交通の渋滞と
同じように，インターネットの内部が混雑する。このような状況下では，ルー
タにおけるパケットの処理が追いつかず，ルータによってパケットが棄てられ
てしまう。ふくそう制御はネットワークの混雑に応じて，送信元コンピュータ
がパケットの送信レートを調整することで，ネットワーク内の混雑を軽減する
ものである。ネットワークの混雑度はパケットロスによって推定され，パケッ
トロスが発生した場合にはネットワークが混雑していると判断し，送信レート
を下げる。一方，パケットロスが発生していない場合はネットワークが混雑し
てないと判断し，送信レートを増加させることで，送信レートの調整を行う。

4.4　インターネットアプリケーション

　ここでは，インターネットの通信モデルおよびインターネットで使用されて
いる主要なアプリケーションとして，Web アクセスと電子メールについての
説明を行う。

4.4.1　クライアントサーバモデル

　インターネットアプリケーションを利用するための通信モデルとして，クラ
イアントサーバモデルが一般的に使用される。クライアントとはユーザのコン
ピュータを，サーバとはインターネットを通じてサービスを提供するコン

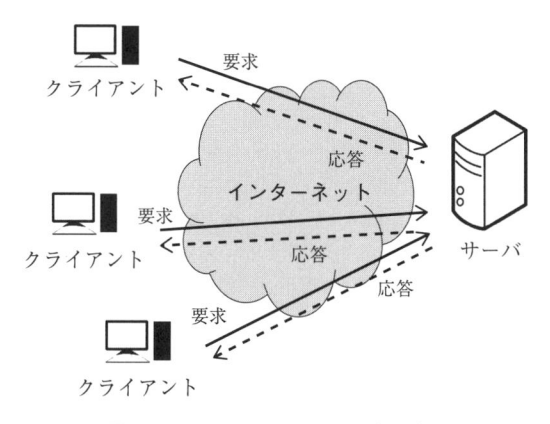

図4.13　クライアントサーバモデル

ピュータを表し，サーバはいつでもサービスが可能となるように24時間稼働していることが前提となっている。クライアントサーバモデルでは，図4.13のように，クライアントはインターネットの先にあるサーバに対してサービスを要求し，サーバがその要求に対してサービスを提供する形態をとるもので，それぞれの役割が固定されている。サーバがサービスを要求し，クライアントがサービスを提供することはない。代表的なサーバとして，Webサーバ，メールサーバ，ファイルサーバ等がある。

　また，インターネットでは，クライアントサーバモデルの他に**ピアツーピア**（Peer to Peer）モデルも使用される。これは，クライアントサーバモデルとは異なり，各コンピュータがクライアントやサーバといった固定の役割をもたず，サービスを要求する側にも，提供する側にもなるというモデルである。このモデルはファイル共有や動画配信等に利用される。

4.4.2　Webアクセス

　インターネット上にはさまざまな情報が**ハイパーテキスト**形式で保存されている。ハイパーテキストとは，文章内の文字などを関連づけして互いに参照できるようにしたドキュメントで，それらを相互に参照できる情報共有システムを**WWW**（World Wide Web）とよぶ。ハイパーテキストを記述するための言語として**HTML**（HyperText Markup Language）が規定されている。HTMLで記述されたハイパーテキスト情報をHTMLファイルとよび，WWWではそ

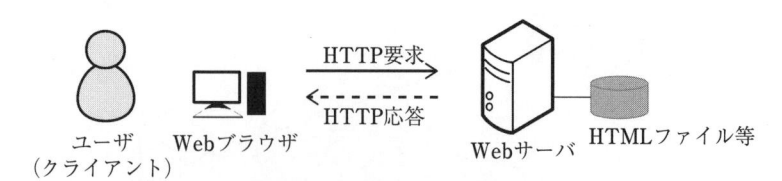

図 4.14　Web アクセス

れらがインターネット上の Web サーバに保存されている。ユーザは
Chrome，Firefox，Internet Explore 等の Web ブラウザを通じて Web サーバ
にアクセスし，HTML ファイルをダウンロードすることができる（図 4.14）。
Web サーバにアクセスする際に使用するプロトコルは **HTTP**（HyperText
Transfer Protocol）とよばれ，これはハイパーテキスト情報の転送方法を規定
したものである。Web ブラウザはダウンロードした HTML ファイルを解析
し，ユーザにその内容を表示する。

　一般に，ユーザが Web サーバにアクセスする際には **URL**（Uniform
Resource Locator）が使用される。これは，インターネット内での情報の位置
と取得方法を定義したもので，たとえば「http://www.abc-u.ac.jp/index.
html」という形で表現される。「http」の部分は“情報の取得方法”を，「www.
abc-u.ac.jp」はコンピュータを識別する“ホスト名”，「index.html」はコン
ピュータ内での“情報の位置”を示すパスを表す。なお，ホスト名の「jp」は日
本を，「ac」は大学を表すというように，ホスト名からどの国のどのような組
織であるかがわかるようになっている。ユーザは Web ブラウザ上で，対象
Web サーバの URL を入力することで Web サーバにアクセスし，情報を取得
できる。

4.4.3　電子メール

　電子メール（E-mail）は重要なインターネットアプリケーションの一つであ
り，現在広く使用されている。図 4.15 に示すように，ユーザはいずれかの
メールサーバに属しており，メールソフトを用いてメールサーバと通信を行
う。他のユーザとメールの送受信を行う際は，まず，自身のメールサーバに
メールを送信する。送信者のメールサーバは，宛先のメールサーバへメールを
送信し，その後，受信者がそれを取得することで，メールの送受信が完了す

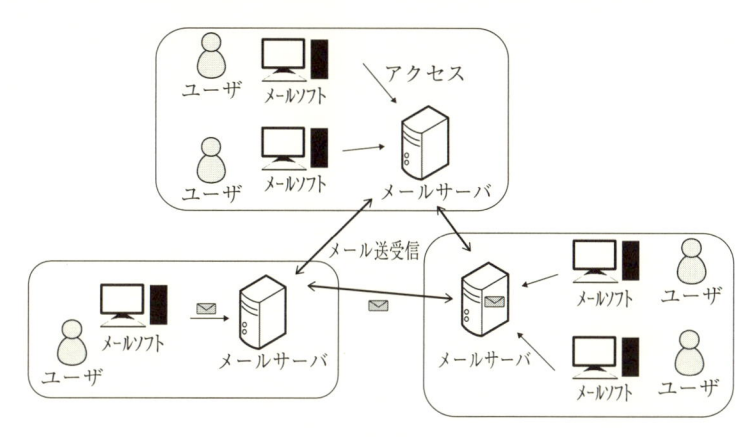

図 4.15 電子メール

る。もしこのような仕組みをとらず，ユーザ間で直接メールのやりとりをすると，ユーザのコンピュータは 24 時間電源が入っている保証がないため，受信者のコンピュータの電源がオフの場合はメールが届かないという不都合が生じる。一方，サーバは 24 時間稼働していることが前提であるので，メールサーバを介してメールの送受信を行うことで，このような問題は回避できる。

電子メールの送信には **SMTP**(Simple Mail Transfer Protocol)というプロトコルが，受信には **POP3**(Post Office Protocol version 3)や IMAP(Internet Message Access Protocol)というプロトコルがよく使用される。図 4.16 にその例を示す。メールの送信者は SMTP を用いて自身のメールサーバにメールを送信する。また，メールサーバ間の通信も SMTP を用いて行われる。SMTP はメールを相手に送りつけるプロトコルであるが，サーバは 24 時間稼

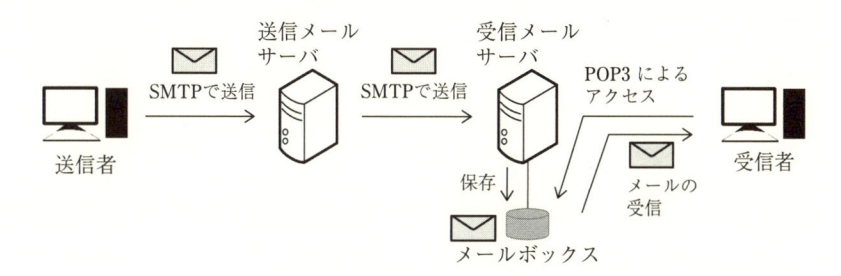

図 4.16 電子メールプロトコル

働しておりメールを正しく受信できるため，この通信に問題はない。一方，受信者のメールサーバから受信者への通信には SMTP は使用できない。これは，受信者のコンピュータが 24 時間稼働している保証がないためであり，別のプロトコルが必要となる。そこで用いられるのが POP3 であり，これは，受信者がメールサーバのメールボックスへ自身宛のメールを取りにいく方法を規定している。POP3 を用いることで，受信者は任意のタイミングでメールを取得することが可能となる。

4.5　今後のインターネット

　現在，コンピュータだけはなく，センサやデバイス，家電等，さまざまな「モノ」がインターネットに接続され情報交換を行う **IoT**(Internet of Things)が非常に注目を集めている。IoT の広がりにより，今後さまざまなサービスが展開されることが期待される。また，これまでのネットワーク機器は，それぞれの機器におけるハードウェアによる制御が主であったが，ソフトウェア制御によって一括に管理する SDN(Software-Defined Networking)とよばれる技術が現在普及してきている。SDN の発展により，より柔軟にネットワーク制御を行えることが期待できる。今後，これらの技術以外にもさまざまな技術の展開が見込まれ，インターネットはますます発展していくと考えられる。

参 考 文 献
池田博昌・山本幹著，情報ネットワーク工学，オーム社(2009)
竹下隆史・村山公保・荒井透・苅田幸雄著，マスタリング TCP/IP 入門編，オーム社
　(2012)

5

情報のセキュリティ

情報漏えいに代表されるように，現代ではあらゆるところで情報にかかわる事故が多発するようになり，事故を発生させないためにも正しい知識をみなが身につけることが求められている。そこでこの章では，インターネットからの意図的な脅威について，およびその脅威から身を守るためのセキュリティ技術について紹介する。

5.1 情報セキュリティの考え方

情報処理推進機構 IPA (2013)によれば，**情報セキュリティ**とは，「正当な権利をもつ個人や組織が，情報や情報システムを意図どおりに制御できること」とされる。逆にいえば，① 正当な権利をもたない個人や組織が不正行為を行って本来は扱えない情報や情報システムを扱えてしまう状態や，② 正当な権利をもつ個人や組織であっても情報や情報システムを意図どおりに扱えない状態のとき，情報セキュリティが保たれていないといえる。このような状態のとき，個人情報の漏えいや Web サイトの改ざんなど，さまざまな被害が発生することになる。

本節では，情報セキュリティの概要を理解するため，情報セキュリティの基本概念や，さまざまな脅威が実際の被害に結びつくまでの考え方を説明する。

5.1.1 情報セキュリティの基本概念

情報セキュリティマネジメントシステムの国際規格である ISO/IEC 27002 （日本版は JIS Q 27002）によれば，情報セキュリティとは「情報の**機密性，完全性，可用性**を維持すること」と定義される。**機密性**とは，アクセスを認可さ

れたものだけが情報にアクセスできるようにすること，**完全性**（正真性ともよ
ばれる）とは，情報を書き換えられないよう，情報やその処理方法が正確で完
全であるようにすること，**可用性**とは，許可された者が要求したときにはいつ
でも情報にアクセスできるようにすることである。

たとえば，パスワードを知らない人はファイルを開くことができないよう設
定することは機密性を高めていることになる。データを入力する際はダブル
チェックするなどして誤入力を防ぐようにすることは，完全性を高めているこ
とになる。大量のユーザからのアクセスがあっても処理ができるようサーバや
ネットワークを強化することは，可用性を高めていることになる。

5.1.2　情報セキュリティにおけるリスクとインシデント

個人・組織が有する資産のうちで，顧客情報や技術情報，人の知識や記憶な
どの情報にかかわる資産を**情報資産**という。情報資産はハードウェア，ソフト
ウェア，システム，電子媒体・紙媒体のデータ，ノウハウなど，有形・無形問
わずさまざまな形態で存在し，適切に管理することが情報セキュリティには求
められる。

コンピュータウイルスに代表されるように，世の中には情報資産に損害を与
える原因となるもの（**脅威**）が数多く存在する。しかしながら，脅威が存在する
だけでは情報資産に損害を与えることはできず，対策の弱いところから内部に
侵入し，脅威が情報資産まで到達する必要がある。脅威がつけ込むことができ
る弱いところを**脆弱性**とよぶ。つまり，脅威と脆弱性が結びつくことにより，
初めて情報資産が損なわれる可能性が生じることになり，これを**リスク**とよ
ぶ。さらに，情報資産が損なわれる一歩手前の状態や実際に損なわれた状態の
ことを**インシデント**（incident）とよぶ。一連の関係をまとめたものを図 5.1 に
示す。

組織が情報セキュリティ対策を考える場合，脅威や脆弱性は無数に存在する
ため，考えうるリスクも膨大になる。組織が事業を続け，かつリスクを最小限
にするためにも，リスクの発生可能性や大きさに応じて，必要な対策（技術的
対策・人的対策・物理的対策・組織的対策）をとることが求められる。

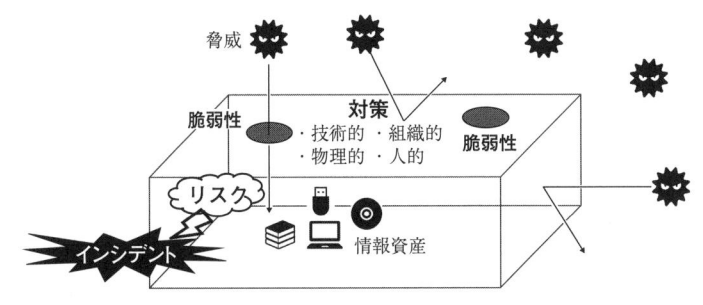

図5.1 脅威,脆弱性,リスク,インシデントの関係

5.2 情報に対する脅威

　情報に対する脅威は,人為的かつ意図的な脅威,人為的かつ非意図的(偶発的)な脅威,非人為的かつ非意図的な脅威に分類される。人為的かつ意図的な脅威は,不正侵入やサイバー攻撃などがあげられ,内部・外部の要因を問わず,侵入・攻撃手法も多岐にわたる。人為的かつ非意図的な脅威は,操作ミスや不注意といった**ヒューマンエラー**とよばれるものである。非人為的かつ非意図的な脅威は,ハードウェアやシステムの故障,火災や地震などの災害が該当する。

　本節では,3種類の脅威のうち,人為的かつ意図的な脅威に焦点をあて,外部からの侵入(**不正アクセス**)の手口や現代の特徴的な脅威・攻撃を説明する。

インシデントの原因の多くはヒューマンエラー

　日本ネットワークセキュリティ協会の「情報セキュリティインシデントに関する調査報告書」をみると,現代の情報漏えいの原因の8割以上は,紛失・置忘れ,誤操作,管理ミスといったヒューマンエラーに分類されるものであることがわかる。また,情報漏えいの媒体でみれば,紙媒体からの漏えいが5割以上占めていることもわかる。内部犯行や不正アクセスといった人為的かつ意図的な脅威が注目されがちではあるが,情報セキュリティ対策を考える際は,ヒューマンエラーのような人為的かつ非意図的な脅威,災害などによる非人為的かつ非意図的な脅威も考慮し,バランスよく対策を講じる必要がある。

5.2.1 不正アクセスの手口

意図的に行われる不正行為は，**盗聴**，**改ざん**，**破壊**，**なりすまし**，**否認**，**踏み台**など，多種多様に存在する。代表的な不正行為を表 5.1 に示す。

表 5.1　不正行為の種類とその内容

不正行為	内　容
盗聴, 漏えい	ネットワークやコンピュータから不正に情報を入手したり，逆に不正に情報を流したりすること
盗　　難	情報が記録されたコンピュータや書類，記録媒体を盗むこと
改 ざ ん	データを不正に書き換えること
破　　壊	データやプログラムを削除すること
なりすまし	他人が本人のふりをしてさまざまな行為を行うこと
否　　認	自身が行った行為を，後で行っていないと否定すること
不 正 利 用	コンピュータや通信回線などを不正に利用すること
不正プログラムの埋め込み	ユーザの知らない間に不正プログラムを埋め込むこと
サービス停止	サーバやネットワーク回線を意図的に利用不能にすること
踏 み 台	不正アクセスの中継点として他のコンピュータを利用すること

一般的に，インターネットなどの外部からの不正アクセスは，①事前調査，②権限取得，③不正実行，④後処理の 4 段階で行われる。

① 事前調査の段階では，IP アドレスやサーバ名，提供されているサービスや侵入検知システムの有無などを調査し，侵入経路や脆弱性がないか確認する（これを**フットプリンティング**とよぶ）。特に，サーバの各ポートの状態を調べ，開いているポートや提供サービスを調べる行為を**ポートスキャン**とよぶ。

② 権限取得の段階では，さまざまな手段を用いて，不正な操作や処理を行うためのサーバの利用権限や管理者権限の獲得を試みる。主な手段としては，パスワードを強引に解読する**パスワードクラッキング**があげられる。また，事前調査のときに判明した脆弱性を用いて，SQL インジェクション攻撃などの脆弱性をついた攻撃を行い，権限を取得したり，直接不正を実行したりする場合もある。

③ 不正実行の段階では，情報の盗み出しや改ざん，破壊，他人へのなりすましなど，多岐にわたる不正行為が行われる。また，他のコンピュータへの不正行為を行うための踏み台として利用される場合もある。

④ 後処理の段階では，不正行為を行ったことがみつからないよう，ログを消去するなどして証拠を隠滅する。さらに，次回以降も不正アクセスできるよう，ルートキットなどのツールを用いてバッグドア(裏口)を作成する。

5.2.2 パスワードクラッキング

アクセスを要求した人が本人かどうかを確かめるため，個人を識別する番号である ID とパスワードがよく利用されるが，これは，パスワード(と ID)は本人しか知りえない情報であるという前提がある。そのため，第三者が不正な手段によりパスワードを暴いてしまうと，第三者をその ID をもつ本人と認識してしまう危険性がある。これを**パスワードクラッキング**とよぶ。

パスワードクラッキングには，コンピュータで解析する手法，スニファ(sniffer)ツールなどを用いてネットワークに流れるパスワードを盗聴する手法，キーボードに入力された情報を記録するキーロガー(key logger)を用いて入手する手法などがある。また，パスワードがわからずとも，パスワードリマインダ(パスワードを忘れた際，事前に設定した秘密の質問に答えることでパスワードを再設定する機能)の秘密の質問を推測することで突破する手法や，コンピュータを使わずとも，他人になりすまして電話をかけて本人から直接パスワードを入手する手法(後述の**ソーシャルエンジニアリング**に該当)もあり，パスワードを不正に手に入れる手段は多彩に存在する。

コンピュータを用いてパスワードを解析する場合，パスワードに使われる組合せを総当たりで調べる**総当たり攻撃**(ブルートフォース(brute force)アタック)，パスワードとしてよく利用される文字列を登録した特殊な辞書を用いる**辞書攻撃**が有名である。さらに 2010 年代以降では，ユーザが多くのネットサービスを利用するようになり，パスワード管理のわずらわしさからパスワードを使いまわす傾向があることから，あるサイトから漏えいした ID とパスワードをそのまま他のサイトで試すことでログインを試みる**パスワードリスト攻撃**が頻発している。現代のサイトへの不正ログインの被害事例の多くがパスワードリスト攻撃である。サイト側からすると，正しい ID とパスワードが入

力されることになるため，攻撃なのかどうかの判断が難しく，技術的対策が難しい部類の攻撃手法である。

　パスワードを保護するためには，① 大文字・小文字・数字・記号を組み合わせ，他人に推測されにくい長いパスワードを使用する，② 誰であっても他人には絶対に教えない，③ サービスごとに異なるパスワードを設定する，ことが必要である。ただし，人はランダムな長いパスワードや多数のパスワードを覚えることができない。そこで，1) すべてのパスワードに共通するコアとなるパスワードを覚えやすいフレーズや言葉遊びで作成した後，2) サービスごとに異なる識別子を追加することで，サービスごとに異なる推測されにくいパスワードを作ることができる。また，パスワードつきの電子ファイルや紙にパスワードの一部を記す，パスワード管理ソフトを利用するという手段も有効である。

5.2.3　脆弱性を悪用した攻撃

　不正アクセスの事前調査の段階で脆弱性が判明すると，攻撃者からその脆弱性を突いた多種多様な攻撃が行われる。たとえば，コンピュータがプログラムを実行する際，メモリ上に情報を覚えるための領域(バッファ)が確保されるが，ここに脆弱性がある場合，大量にデータを送信し，バッファをあふれさせることでプログラムの誤作動を招く**バッファオーバーフロー攻撃**が成立する可能性がある。また，データベースを利用する Web サーバ・Web アプリケーションに脆弱性があると，不正な SQL 文(6 章を参照)を挿入することでデータベースを不正に操作し，本来はアクセスできない情報を抜き出されてしまう**SQL インジェクション攻撃**を受けてしまう。他にも，Web サイトで実行されるスクリプトを悪用した**クロスサイトスクリプティング**，DNS(Domain Name System)サーバのキャッシュを書き換えることで不正なサイトに誘導する**DNS キャッシュポイズニング攻撃**などが有名である。

　脆弱性があると判明したら，すぐに対策を施す必要がある。多くの場合，**パッチ**とよばれる脆弱性をなくすための修正プログラム(たとえば，Windows Update による更新プログラム)や対処法が公開されているため，それらを実施することが基本となる。しかし，新しい脆弱性の場合，パッチや対処法が公開される以前に攻撃されるときがあるため注意が必要である(これを**ゼロデイ**

攻撃とよぶ）。

5.2.4 マルウェア

コンピュータウイルスやスパイウェア，ボットなどの不正ソフトウェアの総称を**マルウェア**（malware）とよぶ。マルウェアに感染すると，情報漏えいやデータの破壊，コンピュータの不正利用，迷惑メール（SPAM メール）の一斉送信など，さまざまな不正行為が行われることになる。感染する経路も，USB メモリの接続，Web ページの閲覧，メールの添付ファイルの開封，ファイル共有ソフトなどからダウンロードしたファイルの実行，ネットワークへの接続など，多種多様である。

a）　コンピュータウイルスとは，他のファイルやプログラムに寄生し，数々の不正行為を行うプログラムである。単独では存在できず，プログラムを改ざんしながら自己増殖・自己伝染する特徴をもつ。より詳細な定義は，「自己伝染機能，潜伏機能，発病機能のいずれか 1 つをもつもの」とされており，人間が感染するウイルスと似ていることからコンピュータウイルスと名づけられている。似たようなマルウェアとして，寄生せず単独で存在して悪さを行う**ワーム**（虫という意味），ギリシア神話のトロイア戦争にてでくる装置が由来であり，悪意のないプログラムと見せかけてコンピュータ内部に侵入し，知らない間に不正行為を行う**トロイの木馬**などがある。

b）　スパイウェアとは，利用者の意図に反してインストールされ，コンピュータから個人情報やアクセス履歴などのさまざまな情報を盗み出すプログラムである。広告を目的とした**アドウェア**のなかには，スパイウェアとして働くものもある。

c）　ボットとは，コンピュータウイルスの一種で，感染したコンピュータを，ネットワークを通じて外部から遠隔操作することができるようにするプログラムのことである。また，ボットに感染したコンピュータによって構成されるネットワークのことを**ボットネット**という。攻撃者は，ボットネットにあるコンピュータを**踏み台**にして標的に一斉攻撃する場合が多い。このとき，攻撃された対象からは，踏み台になったコンピュータしかわからないため，知らずのうちに自身が加害者側になっている点に注意する必要がある。実際，2012年には，踏み台にされたコンピュータのユーザが誤認逮捕されるという事態が

起こっている。

2015年以降では，感染したコンピュータ内にあるファイルを勝手に暗号化して使用不能にした後，暗号化を解く代わりに金銭(身代金：ransom)を要求する**ランサムウェア**(身代金要求型ウイルス)の脅威が深刻化しており，個人・組織にかかわらず被害が拡大している。期限内に支払わなければ要求額を上げる，もしくはファイルを順次消去すると表示してユーザの不安をあおっている点，法外な金銭を要求するのではく，支払うことが可能な範囲の金銭を要求している点も特徴である。なお，仮に金銭を支払っても，もとに戻るかどうかはわからない。

以上，マルウェアに共通する対策としては，Windows Update などによる修正プログラムの適用，セキュリティソフト(ウイルス対策ソフト)の導入，パーソナルファイアウォールの活用があげられる。

> **偽セキュリティソフト**
>
> ウイルスがコンピュータ内に存在しないにもかかわらず，ウイルスが見つかったという報告をしてユーザの不安をあおり，ウイルスを駆除するためにソフトの有料版を購入させようとするプログラムのことで，セキュリティソフトの機能はもたない。攻撃者はあの手この手でダウンロードさせようとし，ソフトの名称や画面も本物のセキュリティソフトらしいのでだまされやすく，注意が必要である。

5.2.5　DDos 攻撃

サーバに対して大量のデータを送信し，過大な負荷をかけることでサービスの提供をできなくする攻撃のことを **DoS 攻撃**(Denial of Service Attack：**サービス妨害攻撃**)とよぶ。特に，ボットネットを利用して多数のコンピュータから一斉に大量のデータを送信する攻撃のことを **DDoS 攻撃**(Distributed DoS 攻撃，分散 DoS 攻撃)とよぶ。単純に大量のデータを送っているだけであり，通常のアクセスとの区別がつきにくいこと，DDoS 攻撃であればボット化した膨大なコンピュータからアクセスされるため1つずつアクセスを遮断するアプローチは現実的でないことから，対策が難しい攻撃の一つである。

5.2.6 フィッシング詐欺

フィッシング詐欺とは，銀行やクレジット会社などの金融機関を装ってメールを送り，金融機関をまねた偽のサイトに誘導し，ID やパスワード，銀行口座に関する情報，クレジットカード番号などを詐取することである。さらに近年では，よりユーザがだまされるよう巧妙化されてきている。たとえば，フィッシングメールの内容が真実味のある文章であったり，実在の企業の URL と勘違いさせるような偽の URL となっていたり，本物と区別がつかないほどそっくりな偽の Web サイトが用意されていたりする。

フィッシング詐欺への対策には，メールの送信元ならびにその内容を安易に信用しないこと，メール中にある URL を安易にクリックしないことがあげられる。また，メールが本物かどうか，現在アクセスしているサイトが正しいかどうかを判断するためにも，URL の確認や SSL 接続(5.4.1 項参照)の有無，最終的には電話などによる問い合わせも含め，何らかの手段で確認をとることも必要である。

増加し続ける金銭被害

金融庁が 3 か月ごとに公開している「偽造キャッシュカード等による被害発生等の状況について」をみると，インターネットバンキングからの被害状況は，2012年以前は 100 件前後，多くて 200 件を越える程度であったのに対し，2013 年以降では，1,000 件を超えることも珍しくない状況である。ランサムウェアも含め，現代の攻撃の主な目的は金銭詐取であり，IPA が毎年公表している「情報セキュリティ10 大脅威」でも，金銭がからむ脅威は上位に位置している。

5.2.7 ワンクリック不正請求

ワンクリック不正請求とは，ユーザの興味を引く罠のサイトを用意してユーザが訪れるのを待ち，画像やリンクをクリックしただけで「会員登録が完了しました」などと表示して，登録料や入会金などの支払いを求めることである。その際，IP アドレスや利用しているプロバイダ，場合によっては住所(位置情報)など，ネットワークから得られる情報を表示して，あたかも個人を特定しているかのようにふるまったり，支払わなければ法的処置をとるなどといった文章を表示したりするなど，ユーザの不安をあおることも特徴の一つである。

ワンクリック不正請求への対策は，信頼できないサイトには近づかない，安

易にクリック・ダウンロードしないことが基本となる。また，仮にワンクリック不正請求に遭い，料金の支払いを求められても契約は成立していないため，基本的に無視していれば問題ないが，不安な場合は，各地にある消費者生活センターや警察，大学生であれば学生センターなどに相談することが大切である。

5.2.8　標的型攻撃

　迷惑メールのように不特定多数に送るのではなく，特定の企業・組織を狙った攻撃のことを**標的型攻撃**とよぶ。典型的な事例は，標的とした企業・組織の関係者を装い，マルウェアが添付されたメールを送りつける方法である。たとえば，「先日の打ち合わせの議事録をまとめました。添付してお送り致しますので，ご確認のほど，よろしくお願い致します。」と関係者を装ってメールを送信する。そのメールには"議事録.docx"などが添付されているが，これがマルウェアであり，受信者は議事録と勘違いしてファイルを開くと，マルウェアに感染することになる。この例ではソーシャルエンジニアリング（次項参照）も悪用しており，なかには何回もメールのやり取りをし，相手と信頼を構築した後にマルウェアを添付したメールを送りつける場合もある。

　標的型攻撃の場合，ほとんど本物と見間違えるような文章で送られてくる場合もあり，フィルタリング（5.4.4 項参照）で検出することも難しい。そのため，入り口だけで防ぐのではなく，仮に侵入され感染したとしても，内部から外部への不正な通信を防ぎ，被害を広げないための出口対策が重要となってくる。

5.2.9　ソーシャルエンジニアリング

　人間の心理的な隙や行動のミス，社会的な性質につけ込み，秘密情報を入手する手法のことを**ソーシャルエンジニアリング**とよぶ。コンピュータやネットワークといった情報通信技術を使わずとも秘密情報を盗み出すことができる点が特徴である。たとえば，電話で他人になりすましてパスワードを聞きだそうとする行為，正規に入室した人の後ろについて部屋に入る行為，後ろからコンピュータを覗き見する行為，捨てられたゴミの中から機密情報を探し出す行為，廃棄されたハードディスクから消去されたデータを復活させる行為などがあげられる。その他，フィッシング詐欺やワンクリック不正請求，標的型攻撃など，人を対象とした多くの攻撃でも利用されている。

　ソーシャルエンジニアリングは人の行為を対象とした攻撃手法であることから，技術的対策をとることは難しい。重要な情報は電話では伝えない，機密情報がある文書はシュレッダーにかけて捨てるなど，ルールを徹底化し，各個人が気をつけて対処する必要がある。

5.3　情報を守るための基礎となる暗号理論

　本節では，さまざまな情報セキュリティ技術を構築するうえで基礎となる暗号理論について解説する。機密性を守るためのものである「暗号」について説明した後，完全性を確保し，送信者が本人であることを確認することも可能な「署名」について説明する。

5.3.1　暗　　号

　暗号とは，特定の法則に基づいてデータ（平文）を変換し，法則を知っている人は読めるが，法則を知らない人には読めないようにすることである。法則に従って読めなくすることを**暗号化**といい，読めなくなるよう変換されたデータを**暗号文**という。また，法則を知っている人は読めるように変換することができ，このもとに戻す（平文に戻す）ことを**復号**という。

　暗号は**アルゴリズム**と鍵で構成される。たとえば，古代ローマ時代に使われ，アルファベットを何文字かずらした文字に置き換える**シーザー暗号**の場合，アルゴリズムは「文字をずらすこと」，鍵は「ずらす文字数」となる。現代の暗号では，アルゴリズムは公開するが鍵は秘密にし，鍵がわからなければアルゴリズムがわかっても解けないようにすることで，**機密性**を維持している。また，鍵の利用方法によって，共通鍵暗号（対称暗号）と公開鍵暗号の二種類に分類される。さらに，実際に暗号化通信を行う際は，両者を組み合わせたハイブリッド暗号方式が利用される。

　a）　共通鍵暗号とは，暗号化に利用する鍵（暗号化鍵）と復号に利用する鍵（復号鍵）が同じ暗号である。同じ鍵を利用するため**共通鍵**とよばれる。シーザー暗号や第 2 次世界大戦で利用されたエニグマなど，1976 年以前の暗号はすべて共通鍵暗号に分類される。共通鍵暗号で Alice から Bob にメッセージを送る場合を図 5.2 に示す。Alice と Bob は何らかの手段で事前に共通鍵を共

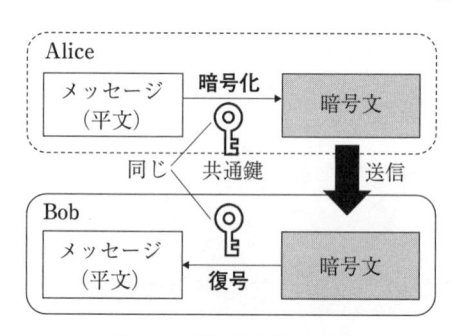

図 5.2　共通鍵暗号の概要

有した後，Alice は共通鍵を用いてメッセージを暗号化し，Bob に暗号文を送る。Bob は受信した暗号文を，共通鍵を用いて復号する。

　現代の暗号においては，1977 年に米国政府によって策定され，56 ビットの鍵を用いる **DES**(Data Encryption Standard)が広く用いられていたが，現在は総当たり攻撃でも解読可能なほど，安全性は低くなっている。そのため，2001 年からは米国立標準技術研究所(NIST)が公募し，規格化した **AES**(Advanced Encryption Standard)が標準暗号として利用されている。AES の鍵長は，128 ビット，192 ビット，256 ビットから選択される。

　共通鍵暗号は，暗号化・復号の計算が非常に速いことが利点である。反対に，互いに同じ鍵を使用するために事前に鍵を送らなければならない鍵配送問題や，利用者が増加すればするほど鍵の管理が大変になるという問題がある。

　b)　公開鍵暗号とは，暗号化鍵と復号鍵が異なる暗号であり，ペアとなる 2 本の鍵を使用した暗号である。暗号化鍵のことを**公開鍵**，復号鍵のことを**秘密鍵**とよぶ。暗号化する際は公開鍵を使用し，復号する際は秘密鍵を用いる。公開鍵暗号で Alice から Bob にメッセージを送る場合を図 5.3 に示す。Bob は公開鍵暗号に使う 2 本の鍵(公開鍵と秘密鍵)を作成した後，Alice に公開鍵を送る。Alice は Bob の公開鍵を用いて暗号化し，暗号文を Bob に送る。Bob は秘密鍵を用いて暗号文を復号する。暗号化に利用する公開鍵は公開されるため誰でも暗号文を作成することができるが，暗号文を復号できるのは秘密鍵をもつ人物，つまり Bob 自身だけであるため，機密性を維持することができる。

　公開鍵暗号は，暗号に使う公開鍵を公開できることから鍵を事前に共有する必要がなく，鍵の管理も容易であるという利点がある。反対に，共通鍵暗号と

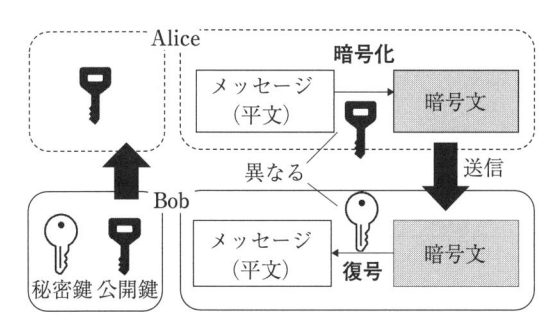

図 5.3 公開鍵暗号の概要

比較して暗号化や復号の処理の計算に非常に時間がかかるという問題がある。

公開鍵暗号の代表例は，1977 年にリベスト（R.L. Rivest），シャミア（A. Shamire），エーデルマン（L.M. Adleman）によって考案された **RSA 暗号**であり，現代で最も利用されている公開鍵暗号方式である。RSA 暗号は，「大きな数の素因数分解が簡単にできないこと」を安全性の根拠としている。その他の公開鍵暗号方式としては，楕円曲線上の離散対数問題を安全性の根拠とし，RSA 暗号と比べて短い鍵長で同等の暗号強度を保つことができる**楕円曲線暗号**がある。また，目的を鍵の共有に限れば，事前の秘密なしに共通鍵の共有を可能とする DH（Diffie–Hellman）鍵交換も利用される。

c） 共通鍵暗号は鍵の受け渡しに弱点があり，公開鍵暗号は計算負荷が大きいという弱点がある。そこで，実用的には共通鍵暗号と公開鍵暗号を組み合わせた**ハイブリッド暗号方式**が利用される。Alice が Bob にハイブリッド暗号方式でメッセージを送る場合，Bob は秘密鍵と公開鍵を作成し，Alice に公開鍵を送る。Alice は Bob の公開鍵を用いて共通鍵暗号の共通鍵を暗号化し，共通鍵でメッセージを暗号化した暗号文と一緒に Bob に送る。共通鍵は Alice が擬似乱数生成器から作成した乱数であり，この通信の暗号化のみに利用される一時的な鍵のため，セッション鍵ともよばれる。Bob は自身の秘密鍵を用いて公開鍵暗号で暗号化された共通鍵を復号して共通鍵を得た後，その共通鍵を使ってメッセージを暗号化した暗号文を復号する。共通鍵暗号の欠点である鍵配送問題が解決されていること，公開鍵暗号で暗号化する鍵はメッセージと比べて十分に小さく，公開鍵暗号の欠点である計算負荷を小さくできていることがわかる。

5.3.2 署　名

　暗号が機密性を保つのに対し，以下で述べるハッシュ関数，メッセージ認証コード，デジタル署名は，どれも改ざんされていないこと，いわゆる**完全性**（正真性）を維持するためのものである。さらにメッセージ認証コードは認証，デジタル署名は認証や否認防止，第三者証明も可能となる。

　ハッシュ関数とは，あるデータから固定長の長さのビット列を出力する関数のことをいい，出力される固定長のビット列のことを**ハッシュ値**とよぶ。ハッシュ関数は，ハッシュ値からもとの情報を復元することができず（一方向性），もとのデータが少しでも変化するとハッシュ値は大きく変化するという性質をもつ。そのため，メッセージと一緒にハッシュ値を送ることで改ざん検出に利用したり，サイトからプログラムをダウンロードする際に，正しくダウンロードできたか確かめるために使われる。また，メッセージ認証コードやデジタル署名，擬似乱数生成器など，数多くのセキュリティ技術の要素ともなっている。代表的なハッシュ関数には，**MD5**（Message Digest Algorithm 5）や SHA（Secure Hash Algorithm）シリーズの **SHA-1**，**SHA-256** がある。

　しかし，ハッシュ関数では改ざん検知はできても，**なりすまし**を検知することができない。たとえば，Eve が Alice のふりをしてハッシュ値付きのメッセージを Bob に送信した場合，Bob はメッセージから計算できるハッシュ値と添付のハッシュ値を比較することで改ざんを検出することはできるが，Eve が Alice のふりをしていることを見抜くことはできない。そこで，送信者と受信者の共通の鍵とメッセージの 2 つの入力をもとにハッシュ値を計算する手法を，**メッセージ認証コード**とよぶ。共通鍵を利用するため鍵配送問題を解決する必要があるものの，改ざん検知だけでなく，共通鍵をもっているのは送信者と受信者しかいないことから，送信者の認証が可能となる。実現する方法としては **HMAC**（Hash-based Message Authentication Code）があり，SSL/TLS（5.4.1 項参照）などで利用されている。

　次に，本項の焦点である署名（デジタル署名）について説明する。メッセージ認証コードでは，改ざん検知や認証ができるものの，不正行為の一つである送信者の**否認**の防止や第三者への証明ができない。これは，鍵をもつ人物が送信者以外に受信者がいるためである。そこで，送受信者共通の鍵を使うのではな

く，別々の鍵を利用する，つまり公開鍵と秘密鍵という異なる鍵を使う公開鍵暗号の仕組みを利用することで，改ざん検知，認証，否認防止，第三者証明を実現する。実際の社会では，本人が承諾したことを認めるために署名・捺印するが，それの電子版であるため**デジタル署名**とよばれる。セキュリティ情報のアナウンスや公開鍵の証明書，SSL/TLS など多くのところで利用されている。

デジタル署名の手順は，次のとおりである。

1) 送信者(＝署名者)の秘密鍵でメッセージから計算したハッシュ値を暗号化し，暗号文(＝署名)を作成する。

2) 署名の受信者は，署名者の公開鍵を用いて復号して得られたハッシュ値とメッセージから計算したハッシュ値を比較して検証する。

一連の流れを図 5.4 に示す。

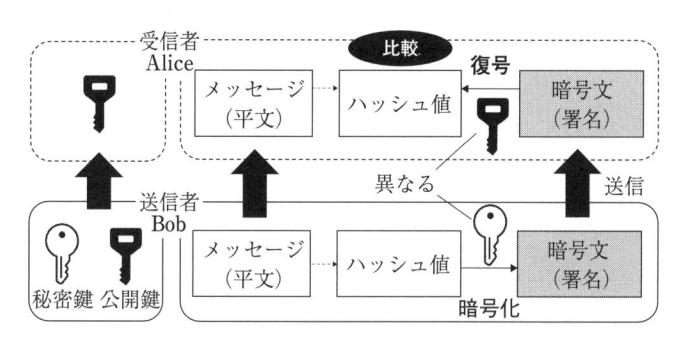

図 5.4　デジタル署名の概要

公開鍵で正しく復号できる(ハッシュ値が一致する)ということは，そのペアとなる秘密鍵で暗号化されていることをさし，秘密鍵をもつのはただ一人(送信者)であることから，誰が署名したかを証明することができる。ハッシュ関数は，公開鍵暗号の欠点である計算負荷を軽くするために利用している。

デジタル署名を実現する方式としては，RSA 暗号を基本にした方式，NISTが 1991 年に定めたデジタル署名のためのアルゴリズムである DSA(Digital Signature Algorithm)，楕円曲線暗号を利用した ECDSA(Elliptic Curve DSA)がある。

ただし，デジタル署名を利用するうえでの大前提に，なりすましていない相手(本人)の鍵を利用していることがある。たとえば，Eve が自分の鍵を Alice

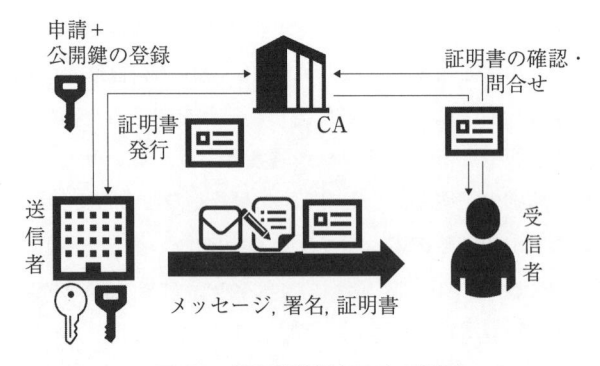

図 5.5　公開鍵基盤（PKI）の概要

　の鍵と偽って公開し，Eve が Alice のふりをして署名を作成した場合，利用される鍵は Eve の鍵のため，Alice のなりすましが可能となる。そこで，署名の検証に利用する鍵が Alice 本人のものであることを証明するため，われわれが免許証などで身分証明するように，社会的に信用できる第三者機関を用意し，第三者機関にその鍵が本人のものであるという**証明書**（Certificate）を発行してもらう必要がある。この第三者機関のことを**認証局**（**CA**：Certification Authority）といい，認証局を利用して社会的な信用を電子的に構築する仕組みのことを**公開鍵基盤**（**PKI**：Public-Key Infrastructure）とよぶ。

　PKI の仕組みでは，送信者はあらかじめ本人確認の審査を受けたうえで，電子署名に利用する鍵を認証局に登録し，代わりに鍵が本物であるという証明書を発行してもらう。その後，送信者はメッセージとその署名，ならびに証明書を相手に送る。受信者は，証明書が有効であることを認証局を通じて確認し，鍵が本物であることを確認する。一連の流れを図 5.5 に示す。

5.4　情報を守るためのセキュリティ技術

　外部から内部への侵入を防ぐためには，アクセスが許されたものだけが通過し，許されていないものは通過させないようにする**アクセス制御**が基本となる。認証はアクセス制御の一つである。本節では，5.3 節の暗号理論に基づく安全な通信技術やアクセス制御技術を中心に述べる。

　なお，実際に現代の不正アクセスに対抗するためには，外部から内部への侵

入を防ぐ入り口対策，侵入されても外部に出ることを許さない出口対策の両面から考え，複数の対策により防御の層を何重にもつくる**多層防御**が重要となってくる。ある層での対策が破られても他の層での対策で防ぐ，もしくは検出できるよう，幾重にも対策を重ねることが大切である。

5.4.1 安全に相手と通信する技術：SSL/TLS

データを暗号化し，安全に送る仕組みとして最も利用されている技術が**SSL/TLS**である[1]。SSL/TLS では，5.3 節で述べた暗号・署名理論を用い，暗号化(機密性の維持)，認証，改ざん検出(完全性の維持)が可能である。

クライアントが SSL/TLS を用いてサーバと通信する場合，以下の手順で行われる。

1) サーバは自分の公開鍵の証明書をクライアントに送る。
2) クライアントは証明書の正当性を確認してサーバの公開鍵を取り出す。
3) クライアントはこの通信で利用する一時的な共通鍵(セッション鍵)を作成し，サーバの公開鍵を用いて共通鍵を暗号化してサーバに送る。
4) 共有した共通鍵を用いて以降の通信を暗号化する。

また，メッセージ認証コードを利用して改ざん検出も行っている。

この SSL/TLS は他のプロトコルと組み合わせて利用することができるため，さまざまな場面で利用される。最も代表的な組合せは，HTTP と組み合わせた**HTTPS**(HTTP over SSL/TLS)である。Web ブラウザで鍵マークが表示されるときは，SSL/TLS で暗号化通信をしているときである。他にも，SMTP や POP を暗号化する**SMTPS**(SMTP over SSL/TLS)や**POPS**(POP over SSL/TLS)がある。

その他，安全な通信を行う技術として，暗号・認証技術などを用い，インターネット上で仮想的な専用線を構築する**VPN**(Virtual Private Network)がある。

---

1) SSL は Secure Sockets Layer，TLS は Transport Layer Security の略である。

5.4.2　本人かどうかを確かめる認証技術

　アクセスしたユーザが本人であることを証明することを**認証**とよぶ。認証は，本人しか知りえない情報を用いる手法（例：**パスワード認証**），本人の持ち物を用いる手法（例：IC カードによる認証），本人の生体的な特徴を用いる手法（例：指紋認証や顔認証などの**生体認証**）に大きく分類される。それぞれに特徴があり，どれが最も良いということはなく，一長一短である。たとえば，「生体認証にしたのでセキュリティは万全」という話を耳にすることがあるが，性質が異なるため，決して他の認証手法の代替にはならない。そこで，三種類の手法のうち二種類を組み合わせ，安全性を高める二要素認証にする場合もある。

　その他の認証方式として，ログインするたびにパスワードを変更する**ワンタイムパスワード**や，文字ではなく画像や形を覚える認証方式がある。特殊な認証方式としては，歪ませた文字や聞き取りづらい音声を流し，その入力を求めることで，コンピュータの自動処理でないことを確認する **CAPTCHA**[2]がある。

5.4.3　不正アクセスを防ぐ技術：ファイアウォール

　インターネットからの不正アクセスを防ぐための基本対策は，ファイアウォールを設定することである。**ファイアウォール**（Fire Wall）とは，直訳では防火壁と訳され，インターネットと内部ネットワークの境界上に設置してアクセス制御を行うシステムや機能のことである。ファイアウォールを実現する方法として，IP アドレスとポート番号でアクセス制御する**パケットフィルタリング**，HTTP や SMTP などのアプリケーションごとに細かくアクセス制御する**アプリケーションゲートウェイ**がある。また，個人レベルで設定する簡易なファイアウォールは，**パーソナルファイアウォール**とよばれる。

　ただし，DDoS 攻撃のように正常な通信のもとで攻撃を仕掛けられた場合，ファイアウォールでは対応できない。そこで，リアルタイムにシステムやネットワークを監視し，不正アクセスを検出したら管理者に通知する**侵入検知システム**（**IDS**：Intrusion Detection System），検出・通知だけでなく防御まで行

---

2)　Completely Automated Public Turing test to tell Computers and Humans Apart

う侵入防止システム（**IPS**：Intrusion Prevention System）も利用される。

5.4.4 マルウェア駆除も含めた総合的な対策：セキュリティソフト

　マルウェアや有害サイト，不正アクセスといったさまざまな脅威から身を守る手段の一つが**セキュリティソフト**の導入である。ウイルスを検出・駆除する機能をもつソフトはウイルス対策ソフトとよばれるが，セキュリティソフトはその機能も含めた総合的な対策ソフトであり，ウイルス（マルウェア）検知・駆除，パーソナルファイアウォール，有害サイトへのアクセス禁止・迷惑メールの判別といったさまざまな**フィルタリング**[3]，パソコンの状態監視など，多彩な機能を有する。

　コンピュータウイルスの駆除（マルウェア駆除）の方法は，パターンファイルを利用する手法と，疑わしい動作を検出する手法の二種類があり，これらを組み合わせて効果的なマルウェア検出を実現している。古典的な駆除方法は前者であり，コンピュータウイルスの特徴を示した**パターンファイル**（ウイルス定義ファイル）を用意し，それと比較することでコンピュータウイルスを検出する。この手法は**パターンマッチング**とよばれる。この場合，パターンファイルにあるものと同一のコンピュータウイルスであれば検出できるものの，1ビットでもパターンが異なったり，新種でパターンの定義がなかったりすると検出できない。そこで，プログラムの書き換えのような通常行わない怪しい動きをするプログラムをみつけて検出する手法が後者であり，**ヒューリスティックスキャン**とよばれる。ヒューリスティックスキャンの場合，未知のマルウェアであっても検出できる場合もあるが，マルウェアでないものを誤検出する場合もある。

　マルウェア駆除の基本であるパターンマッチングの場合，パターンファイルを用いるため，セキュリティソフトのパターンファイルは常に最新にする必要がある（基本的には自動ダウンロードするよう設定されている）。また，使用期限があるセキュリティソフトの場合，期限を過ぎると一切の機能を停止するため，期限内に必ず更新する必要があるので注意されたい。

---

3) 指定した条件に従ってデータを振り分けること。通信の場合は，アクセスを許可するか拒否するかになる。

5.4.5　その他の対策

　データやシステムが必要なときにいつでも利用できるよう可用性対策を講じることも重要である。データの破壊に対しては，データを別の箇所に複製するバックアップが基本であり，HDD やクラウドにバックアップされることが多い。また，複数のハードディスクを 1 台のハードディスクとして管理する**RAID**[4]も利用される。突発的な停電によるシステム停止に対しては**無停電電源装置**（**UPS**：Uninterruptible Power Supply）の設置，故障などのシステム障害に対しては同じシステムをもう一つ用意して同じ処理を行わせるデュアルシステムや予備のシステムを用意して待期させておくデュプレックスシステムなどによる二重化が有効である。

　電波による通信である無線 LAN を利用する場合，有線 LAN とは異なり，電波の傍受はネットワーク解析ツールで簡単に行えることから，通信の中身を暗号化して盗聴を防ぐ必要がある。現代では，暗号化や認証，改ざん検知などの仕組みを規定した通信規格 **WPA**（Wi-Fi Protected Access）や **WPA2** が利用され，安全な通信を実現している[5]。無線 LAN 通信における最初の暗号化通信方式である WEP（Wired Equivalent Privacy）も利用可能であるが，WEPはすでに 1 分以内で破ることが可能なため，推奨されていない。また，近年では誰でもインターネットへの接続が可能な**公衆無線 LAN** の整備が進められているが，WEP で暗号化されていたり，暗号化されていない場合もある。公衆無線 LAN を利用する場合は，WPA もしくは WPA2 が利用されているか，パスワードなどの重要な情報を送る際は SSL/TLS 通信になっているか，セキュリティソフトを利用しているかなど，細心の注意を払って利用する必要がある。

参 考 文 献

情報処理推進機構，情報セキュリティ読本［四訂版］，実教出版（2013）
相戸浩志著，図解入門　よくわかる最新情報セキュリティの基本と仕組み［第 3 版］，
　秀和システム（2010）
結城浩著，暗号技術入門［第 3 版］，SB クリエイティブ（2015）
中村行宏・横田翔共著，事例から学ぶ情報セキュリティ，技術評論社（2015）

---

　4)　Redundant Arrays of Inexpensive Disks
　5)　より安全性の高い WPA2 の利用が推奨されている。WPA2 では AES による暗号化通信を標
　　　準で採用している。

6

データベースシステムと情報検索

　データベースシステムとは，情報となりえるデータを蓄積し，ユーザが必要な データを必要なときに適切な量で提供するシステムである。**データベース**[1]は，蓄 積されたデータの総体であり，そのデータ間の関連を表現・管理(統合)でき，さま ざまなユーザやアプリケーションプログラムから整然と利用できる共有資源であ る。データベースは，データベースシステムの内容ということができる。データ ベースシステムを上記の意味で利用できるようにする比較的大規模なソフトウェア がデータベース管理システムであり，**データベース管理システム(DBMS)** により， データの整合性，一貫性などを含めて統合管理されたデータベースを**データベース システム**とよぶ。

6.1　データベース導入のメリット

6.1.1　データ独立性

　データの総体をデータベースとして組織化することにより，アプリケーショ ンプログラムはデータの諸元から切り離され，それらの改変と無関係にするこ とができる。このことを**データ独立性**という。データの諸元とは，「物理的な 格納構造や格納順」「索引付けの方法や形態」「アクセス方法」などである。

　記憶装置の種類が変更された場合，たとえば，順次アクセス型からランダム アクセス型への変更は，上記3項目すべてにおいてアプリケーションプログラ

---

1)　著作権法におけるデータベースは，「論文，数値，図形その他の情報の集合物であって，それ らの情報を電子計算機を用いて検索することができるように体系的に構成したもの」(第二条の 十の三)と定義され，また，著作物としての権利は，「データベースで情報の選択又は体系的な構 成によって創作性を有するものは，著作物として保護」されている(第十二条の二)。

ムの大幅な変更が要求されるのである。磁気テープなどの順次アクセス型記憶
装置は，記憶媒体の先頭から順に検索し，アクセスしていく。そのため，後ろ
に記録されたデータにたどり着くまで時間がかかる。関連のあるデータどうし
を近くに記憶しておくほうが高効率であり，目的のデータが先頭近くに記憶さ
れているほどアクセス時間は短い。一方，ハードディスクなどのランダムアク
セス型記憶装置は，ファイルシステムという概念は介在するものの，直観的に
は記憶媒体上に均一に記憶させておくほうが高効率である。目的のデータにア
クセスするにはファイルシステムに用意されているインデックスを参照し，与
えられたキーをもとに求めるデータのアドレスを算出，ディスクメディアであ
ればヘッドを目的のアドレスが現れる位置に移動し（シーク：seek），目的の
アドレスが現れるまでディスクの回転を待ち（サーチ：search），アクセスする。

6.1.2　データの一貫性

　データ構造と実世界の事象とを一致させることは，データベースが実世界の
写し絵であるためにきわめて重要である。そのため，以下の三点を表現・管
理・維持できることの有用性は高い。

- ・**ドメイン一貫性**　　定義域（ドメイン）は，とりうる値の範囲と考えることが
  できる。データベース中の各データはそれぞれ属するドメインがある。たと
  えば，年齢というデータは 0 と自然数で表現され，現実的には 300 歳という
  ことはない。また，学生の年齢は飛び級などがなければ 18 歳以上のはずで
  ある。
- ・**参照一貫性**　　データ間に関連があれば，現実的かつ合理的に参照されなけ
  ればならない。学生が所属する学部というデータは，存在する学部名の中か
  ら 1 つだけ選ばれるはずである。
- ・**データの無矛盾性**　　実世界のルールに従ってデータベース中のデータを無
  矛盾に保つ方法を提供する。「ある科目の単位取得者の平均点は 70 点以上で
  ある」とか「ある科目の秀（S）評価の学生数は単位取得者数の 5% 以下であ
  る」などが例としては身近なものである。

6.1.3　データ重複の回避

　同一のデータが複数登録されていると，集計は正確でなくなる。重複抑制・

禁止機能がなければ実装する必要がある。関係データベース(6.2節)は数学の集合論に基づくデータモデルを採用しているため，同一のデータを格納しようとしても「おまとめ」されてしまい，重複データを保持することはない。

6.1.4 データの標準化

　データベースの設計はデータの標準化である。データベースを実質的に組織体の共有資源とするためには，統一されたデータの形式，名称，アクセス法の提供が必須であり，データの意味は，機械ではなく人間しか理解することができない。ビジネスでの応用を考えるうえでは，品番，組織，顧客などに関するデータは，組織全体で共有しうるレベルで標準化されていなければならない。これらは，間違いの軽減やプログラム部品のライブラリ化と広範な再利用が可能という点でもソフトウェア生産性の向上に寄与する。

6.1.5 データの機密保護

　データベースへのアクセスは，データベース管理システムにより一元管理されている。アクセス権限は，データベース中のデータ群に対してきめ細やかに設定することができる(アクセス権限の細分化)。また，その権限を付与，剥奪，委譲することにより，データの遺失や情報の漏えいを防ぎ，ユーザに関係のないデータの表示を抑制することも可能である。

6.2　関係データベース

　単にデータベースという場合には**関係データベース**をさすことが多い。集合論に基づく関係データモデルを論理モデルとして採用するデータベースである。構造記述，意味(一貫性)記述，操作記述に関する論理表現モデルを**データモデル**という。関係データベースが最も普及しており，理論的な体系性も整っているため，本質的なデータベースの基礎知識として以下に概観する。

6.2.1　構 造 記 述

　構造記述とは，データベースに格納したい実世界の事象を，データと，データ間の関連として構造的に表現する論理的な記述方法である。関係データベー

スにおける**関係**(リレーション：relation)はドメインの直積の任意の有限部分
集合である。たとえば，履修を表現するリレーションは

{学籍番号，科目，成績}

という属性集合からなる。各ドメインについて少し詳しく説明しよう。学籍番
号は学生一人に1つだけ与えられ，学生を同定(identify)するためにあるの
で，同じ学籍番号を違う学生につけることはない。学部を表す漢字一文字，入
学年度を表す2桁の数字，ハイフン，3桁までの整理番号で表現された記号の
集合である。科目は開講されているすべての科目名からなる集合である。成績
は0〜100の整数からなる集合である。ここで"ドメインの直積"とは，これら
3つの属性の総当たりの組合せのことであり，可能性のある値の組を表現して
いる。そして，任意の有限部分集合である。特段の理由がなければ，実際に存
在する値の組が「ある学生のある科目の成績」であるから，これを「任意」と
して，直積から選び出した組(**タップル**：tuple)の集合がリレーション履修な
のである。

6.2.2 意味記述

意味記述とは，実世界の事象と矛盾しないように，現実的かつ合理的に意味
解釈をルールや制約として論理的に表現する記述方法である。リレーション中
のタップルを同定できる属性集合を**キー**という。キーはリレーション中で複数
存在する可能性があるが，実際に使われるのはそのうちの1つであり，これを
主キーとよび，属性値として空値を許さない。特に断らなければ，キーとは主
キーに選ばれる候補という意味で**候補キー**であり，主キーに選ばれなかった候
補キーは，主キーがタップル同定能力を失ったときにその役割を代替するとい
う意味で**代替キー**という。ここで，学籍情報を表現するリレーションは

{学籍番号，氏名，出身校，生年月日，…}

という属性集合からなり，主キーを学籍番号とすると，リレーション履修の学
籍番号とリレーション学籍情報の学籍番号が同じ値であれば，同一人物の関連
するデータを表現している。このとき，リレーション履修の学籍番号という属
性はリレーション学籍情報の**外部キー**という。リレーションどうしの意味的な
関連を考慮すると，リレーション学籍情報に存在しない学生の履修情報がリ
レーション履修にも存在しない，つまり参照制約という意味記述をしたことに

なる。その他の意味記述としては，関数従属性，多値従属性ならびに検査制約
などがある。

6.2.3　操作記述

　操作記述とは，データベース中のデータを操作する言語系のことである。関
係データモデルには，**関係代数**，関係論理（タップル関係論理，ドメイン関係
論理）があり，表現能力は等価である。ここでは，関係代数を紹介する。4つ
の集合演算（和・共通・差・直積）と，4つの関係代数に固有の演算（射影・制
限・結合・商）がある。演算の入力も出力もリレーションである。

　和・共通・差は，同じ属性（厳密には，属性名は異なっても同一のドメイン
由来の1対1対応する属性のみの）集合からなる型適合（和両立ともいう）リ
レーションを入力とし，演算の結果も同じ属性集合からなるリレーションであ
る。2つのリレーション R, S に対して，

　　和　　　$R \cup S = \{t \mid t \in R \vee t \in S\}$　（R または S に存在するタップルの集合）

　　共通　　$R \cap S = \{t \mid t \in R \wedge t \in S\}$　（R にも S にも存在するタップルの集合）

　　差　　　$R - S = \{t \mid t \in R \wedge t \notin S\}$　（R に存在して S には存在しないタップル
　　　　　　　　　　　　　　　　　　　　　の集合）

を結果とする。

　直積は，リレーション R, S に対して，R のタップルを r，S のタップルを s
としたとき，

$$R \times S = \{(r, s) \mid r \in R \wedge s \in S\}$$

である。リレーション R, S のタップルの数をそれぞれ $|R|, |S|$ とすれば，R
と S の直積のタップル数は $|R| \times |S|$ である。

　射影は，任意の属性集合のみからなるリレーションである。$R = \{r_1, r_2, r_3\}$
の射影は $R[r_1, r_3] = \{r_1, r_3\}$ である。

　制限は，ある条件を満たすタップルのみを選択したリレーションである。

　結合は，ある条件に基づき組み合わせるタップルを制限したタップルの組合
せからなる集合を結果とする。

　リレーション R, S に対して，R の属性集合を $\{r_1, \cdots, r_m, s_1, \cdots, s_n\}$，$S$ の属
性集合を $\{s_1, \cdots, s_n\}$ としたとき，R と S との商は，

$$R \div S = \{t \mid t \in R[r_1, \cdots, r_m] \wedge (\forall u \in S)((t, u) \in R)\}$$

である。射影，直積，差を用いて，R と S との商を表現することができる。

$$R \div S = R[r_1, \cdots, r_m] - ((R[r_1, \cdots, r_m] \times S) - R)[r_1, \cdots, r_m]$$

(コラム 1 参照。)

　関係代数と同等の表現能力を有することを**リレーショナル完備**という。

┌ コラム 1：理想と現実

　気の置けない仲間と夕食を楽しむ。全員が食べたいものを注文できるメニューを備えた店舗を調べたい。"商"はこのような要求に応える演算である。しかし実は，商演算を表現する演算子を SQL は備えていない。ないものは作ります。商演算は射影，直積，差，射影，差と順に演算をすれば商を得ることができます。やってみましょう。

　近くの食堂のメニューを店舗横断的に収集しているのがリレーション食堂メニュー(左)です。仲間一人ひとりに食べたいものを一つずつ答えてもらったのがリレーション食欲(右)です。

リレーション食堂メニュー {食堂, メニュー}

食堂	メニュー
弥吉	ラーメン
扇矢	あんみつ
弥吉	つけ麺
ミラージュ	シュークリーム
扇矢	かき氷
弥吉	餃子
扇矢	和定食
ミラージュ	ジェラート
扇矢	とんかつ
弥吉	チャーハン
扇矢	ラーメン

リレーション食欲 {名前, メニュー}

名前	メニュー
ひろし	ラーメン
てつや	とんかつ
なな	かき氷
まりな	和定食
あかり	あんみつ
だいと	ラーメン
さき	かき氷

ここで，

食堂メニューの食堂だけを切り取った射影　　食欲のメニューだけを切り取った射影

食堂メニュー[食堂]

食堂
弥吉
扇矢
ミラージュ

と，

食欲[メニュー]

メニュー
ラーメン
とんかつ
かき氷
和定食
あんみつ

の直積

食堂メニュー[食堂]×食欲[メニュー]

食堂	メニュー
弥吉	ラーメン
弥吉	とんかつ
弥吉	かき氷
弥吉	和定食
弥吉	あんみつ
扇矢	ラーメン
扇矢	とんかつ
扇矢	かき氷
扇矢	和定食
扇矢	あんみつ
ミラージュ	ラーメン
ミラージュ	とんかつ
ミラージュ	かき氷
ミラージュ	和定食
ミラージュ	あんみつ

は，どの店舗でも食べたいものを注文できる理想の世界です。

　現実はそうではないので，理想から現実をひくと「理想にあって，現実には存在しない」が求まります。

食堂	メニュー
弥吉	とんかつ
弥吉	かき氷
弥吉	和定食
弥吉	あんみつ
ミラージュ	ラーメン
ミラージュ	とんかつ
ミラージュ	かき氷
ミラージュ	和定食
ミラージュ	あんみつ

直観的にはその店舗に行かなければよいわけです。

　このように，少し複雑な検索式を書こうとするときには，"理想から現実を引く"発想が少なからず役に立ちます。

6.3　データベース管理システムの機能

6.3.1　メタデータ管理

　メタデータとは，データのデータである。データベースにどのようなリレーションがあるのか，そのリレーションにはどのようユーザがどのようなアクセス権限を与えられているのかなど，データベースを健全に保つために不可欠なデータを管理する機能である。

6.3.2　質問処理

　データベースに対する要求は問合せという形で行われる。問合せの特性にあわせて大きく，**データ定義**(データ構造の生成，更新，削除)，**データ操作**(データの検索，新規登録，更新，削除)，**データ制御**(アクセス制御)の3つに分けることができる。詳しくは，SQL の節(6.3.4 項)で例を示しながら紹介する。

6.3.3　トランザクション管理

　データベースに対する処理はトランザクションという単位で行われる。トランザクションがデータベースに及ぼす状態の変化は，一連の処理を完全に遂行(完遂：COMMIT)か，まったくなかったことにする(破棄：ABORT)かのどちらかである。まずは，トランザクションの **ACID** 特性について，銀行振込を例として簡単にみてみよう。ここで ACID は，Atomicity(原子性)，Consistency(一貫性)，Isolation(隔離性)，Durability(耐久性)の頭文字をとったものである。

　銀行振込は，出金口座の残高を減じ，入金口座の残高を同額だけ増やす一連の処理である。この処理は，引出と預入の2つの処理工程を順に経るが，間に何ら他の処理があってはならないし，他の処理と完全に分離されて遂行される必要がある。また，処理完遂後の各口座の状態は確実に保存されなければならない。

　トランザクションは，データベースに対するこれ以上に分解できない「原子的な処理の単位」であり，分解しすぎると実世界の事象と矛盾する可能性を否定できない。また，データベースは共有資源であるから，同時に多くの利用者やアプリケーションプログラムからの処理要求を受け付けている。トランザク

ション実行時は他のトランザクションの影響下になく，つまり隔離されていなければならないし，完遂したトランザクションの結果は，確実に保持されて次の要求に応えなければならないのである。

(1) 障害時回復　　障害の種類は，トランザクション障害(完遂前に異常終了)，システム障害(システム異常により，実行中のすべてのトランザクションが異常終了)，メディア障害(記憶装置の異常によりデータベースの全データを損失)に分けられる。それぞれの障害に対して回復する一般的な方法を表6.1にまとめる。

表6.1　障害の種類と回復手法

障害の種類／回復手法	トランザクション障害	システム障害	メディア障害
UNDO	トランザクションUNDO	全局的UNDO	
REDO		局所的REDO	全局的REDO

▶トランザクションUNDO：該当トランザクションを破棄。
▶全局的UNDO：障害発生時点に未完遂・未破棄のトランザクションを再起動時に破棄。
・局所的REDO：障害発生時点に完遂していたが，安定記憶に未反映であったトランザクションを再起動時に再実行。
・全局的REDO：メディア障害によりデータベースは物理的に修復不可能になる。データベースが確実に健全であった時点の保管用ダンプ(archives dump：スナップショット)を用いて，それ以降の全トランザクションを再実行。

データベースには，まずログをとるという約束(Write Ahead Log Protocol)がある。実際にデータベースにデータの更新を行う前に「どのような操作をしようとしたのか」の記録をしておくログを用いて障害時回復を行う。

(2) 同時実行制御　　データベースは共有資源であるから，同時に複数のアクセスを受ける。データベースに対して多数のトランザクションが発行され，無秩序に読み書きを行うと**遺失更新**(lost update：更新結果の上書き)，**汚読**(dirty read：完遂前の途中データを読む)，**反復不可能な読み**(unrepeatable read：読むたびに値が異なる)といった不整合異状が生じる。システムのパフォーマンスを維持しつつ不整合異状を抑制するための仕組みが**同時実行制御**である。

　同じデータを複数のトランザクションが更新しようとしているとき，一貫性

を保つためには，各トランザクションに優先権を与えて順に完遂させればよい。トランザクション単位で順に実行するスケジュールを**直列スケジュール**という。トランザクションの読み書きをバラバラにしても直列スケジュールと等価なスケジュールを組み立てることができれば，パフォーマンスは向上する。直列スケジュールと等価なスケジュールを**直列化可能スケジュール**といい，一貫性を損なわない範囲である程度は並行に処理をすることができる。

　(3) 隔離性水準　　直列化可能スケジュールでなくても，応用によっては不整合異状を想定する必要がない，あるいは，統計的に不整合異状の可能性が低い場合やパフォーマンスとのトレードオフから，隔離性水準を直列化可能よりも低く指定することができる。各隔離性水準は以下の4レベルである（表6.2）。

・SERIALIZABLE（直列化可能）　　最も厳格な隔離レベルであり，安全にデータを操作できるが相対的に性能は低い。
・REPEATABLE READ（読み取り対象のデータを常に読み取る）　　トランザクションに読み込まれるデータが途中で他のトランザクションによって変更される心配はない。ただし**幽霊**（phantom read：他のトランザクションが追加・削除したデータが途中で現れたり消えたりするため，処理の結果が変わってしまう）という不整合異状が発生する可能性がある。
・READ COMMITTED（確定した最新データを常に読み取る）　　他のトランザクションによる更新については，常に完遂済みのデータのみを読み取る。幽霊に加え，反復不可能な読みが発生する可能性がある。
・READ UNCOMMITTED（確定していないデータまで読み取る）　　他のト

表6.2　異状と隔離性水準

異状 \ 隔離性水準	幽　霊	反復不可能な読み	汚　読
SERIALIZABLE	発生しない	発生しない	発生しない
REPEATABLE READ	発生する	発生しない	発生しない
READ COMMITTED	発生する	発生する	発生しない
READ UNCOMMITTED	発生する	発生する	発生する

ランザクションが実行中(完遂前の途中経過)のデータまで読み取る。幽霊,
汚読, 反復不可能な読みが発生する可能性がある。トランザクションの並行
動作によって不整合が発生する可能性は高いが, その分, 性能は高い。

6.3.4　SQL

SQL(Structured Query Language)は, データを定義, データ操作, データ
制御を問合せとして行うための言語である。代表的なものを表 6.3 に整理した。
　データ定義により, 構造記述で示した履修と学籍情報の例を SQL 文で表現
してみよう。なお, 関係データモデルのリレーション(関係)を, SQL では
テーブル(TABLE)とよぶので注意されたい。

表 6.3　代表的な SQL 一覧

データベースオブジェクトの作成・変更・削除(データ定義言語：DDL = Data Definition Language)

CREATE	データベースオブジェクト(テーブル, インデックス, 制約など)を定義する。
DROP	データベースオブジェクトを削除する。
ALTER	データベースオブジェクトの定義を変更する。

データの挿入, 修正, 削除, 制限(データ操作言語：DML = Data Manipulate Language)

INSERT INTO	行を挿入する。
UPDATE〜SET	属性値を更新する。
DELETE FROM	行を削除する。
SELECT〜FROM〜WHERE	行検索し, 結果集合を取り出す。

アクセス権管理, トランザクション, 同時実行制御
　(データ制御言語：DCL = Data Control Language)

GRANT	特定のデータベース利用者に, 特定の作業を行う権限を与える。
REVOKE	特定のデータベース利用者を削除する。権利を剥奪する
SET TRANSACTION	トランザクションモードを設定する。
BEGIN	トランザクションを開始する。
COMMIT	トランザクションを完遂する。
ROLLBACK	トランザクションを破棄。
SAVEPOINT	任意にロールバック地点を設定する。
LOCK	テーブルなどの資源をロックする。

```
CREATE TABLE 学籍情報(
学籍番号  char(8) not null,
氏名  char(32) not null,
出身校  char(32) not null,
生年月日  date not null,
……
PRIMARY KEY(学籍番号));
```

　学籍番号が学部を表す漢字一文字(2 バイト), 入学年度を表す 2 桁の数字(2 バイト), ハイフン(1 バイト), 3 ケタまでの整理番号(3 バイト)の 8 バイトの文字配列として定義されている。"not null"は空値を許さないことを示す。主キーは学籍番号である。

```
CREATE TABLE 履修(
学籍番号  char(8) not null,
科目  char(32) not null,
成績  integer CHECK(成績 > = 0 AND 成績 < = 100),
PRIMARY KE(学籍番号, 科目),
FOREIGIN KEY(学籍番号)  REFERENCE 学籍情報(学籍番号),
FOREIGIN KEY(科目)  REFERENCE 開講科目(科目名));
```

　成績が 0〜100 の整数値であることを"CHECK 制約"として定義している。主キーは学籍番号と科目からなる属性集合, 外部キーとしてテーブル学籍情報の学籍番号とテーブル開講科目の科目名を指定している。

　データ操作の例を示す。

```
SELECT  学籍情報.学籍番号, 学籍情報.氏名
FROM  学籍情報, 履修
WHERE  履修.成績 > = 90 AND 履修.学籍番号 = 学籍情報.学籍番号;
```

　これは, ひとつでも秀(S)の成績をつけられた科目のある学生の学籍番号と氏名を検索して, 優秀学生表彰の対象となる学生をピックアップする応用と考えられる。"SELECT"は射影演算に相当し, "WHERE"は制限と結合演算に相当する。ここで, 制限と結合の実行順は, 制限を行った後に, つまり, 90 点以上の学生のみにタップル数を絞ったテーブル履修と学籍情報とを結合するほうが効率は良い。DBMS が最適化処理を行ってくれるので SQL を書くときに意識しなくてもよい。

　最後に, データ制御の例である。SQL による隔離性水準の指定は,

　　SET TRANSACTION ISOLATION LEVEL SEREALIZABLE 学籍情報
と記述することで，大切な情報に不整合が起こらないように DBMS に指示す
ることができる。

6.3.5　NoSQL

　SQL を使う関係データベースシステムは多様で柔軟な処理要求に対応でき
るが，関係データベースの機能を必要としない応用もある。**NoSQL**(Not only
SQL)系データベース管理システムには，データの格納および取得が高度に最
適化され，応答性パフォーマンスに特化したシステムが多い。「値」およびそ
れを取得するための「キー」だけを格納できる Key-Value 型データベース
は，その最たる例である。

　NoSQL は以下の 3 タイプに分けることができる。

・キー・バリュー型(Key Value Store)　　キー(index)と値の組をデータ単
　位とする単純な構造。Amazon DynamoDB, Basho Riak, Redis など。
・列指向型　　行キーに対して列(列名と値の組)の集合をもたせる。関係デー
　タベースでは，値は単純でなければならず，組値や集合を値とすることはで
　きなかった(第一正規形)。行ごとに任意の列を任意の数だけ格納させる。列
　集合は列名によってソートされるため，列名に時刻を使うことで 1 行の中に
　時系列のデータをまとめて格納することができる。Google BigTable,
　Apache Cassandra, Apache HBase など。
・ドキュメント指向型　　スキーマレス[2]あるいはゆるい構造をもつ XML
　(Extensible Markup Language)や JSON(JavaScript Object Notation)で記
　述 さ れ た デ ー タ を 保 持 す る も の が 主 流 で あ る 。 MongoDB, Apache
　CouchDB など。

　高速性を追及する NoSQL データベースのトランザクション特性は，
Basically Available(基本的に利用可能な)，Soft-state(やわらかい状態)，
Eventual Consistency(最終的な一貫性)と表現される。更新前後のデータの間
に，どちらの状態でもない不整合の時間帯があることを許したトランザクショ
ンモデルである。更新されたデータがいつ必要になるのかは，扱うデータや応

---

2)　構造や関連の定義が厳密になされていないこと，または，そのようなデータのこと。

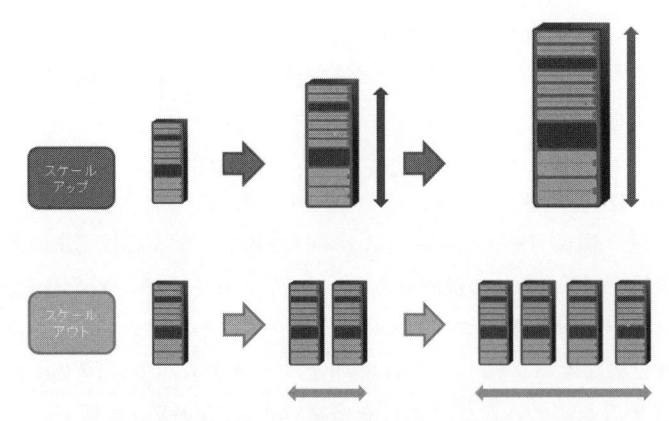

図 6.1　スケールアップとスケールアウト

用によって異なる。

　次に，拡張性に関する違いをみてみよう。関係データベースでは即時更新，一元管理を重要と位置づけているため，性能向上は**スケールアップ**で行うが，NoSQL のシステム拡張は応答性の向上を並列処理で行おうとするから**スケールアウト**で行われる。

　比較的大規模なシステムではトータルパフォーマンスを維持・向上させるためにスケールアウトが適する部分とスケールアップが適する部分が存在し，同一システム内でも応用に適したシステムを選択することが必要である。電子商取引のサイト構築を考えた際には，商品の検索や表示は高速応答性を要求されるが，即時更新を常に必要としない。しかしながら，決済の局面では帳票勘定はデータの追加のみであるが，借入総額は融資限度額との比較のために即時更新が要求される。

6.4　情報検索システム

　情報検索とは，ある情報源から目的にあうデータを取り出す行為であり，大規模な情報源からコンピュータやネットワークを用いて情報検索を効率的に行うサービスを提供するのが情報検索システムである。必要な情報を得たいときに，まずは Google, Yahoo などの**サーチエンジン**を使って検索を試みることであろう。

Web 検索の仕組みをみてみよう。Web サーチエンジンは，入力されたキーワードを含む Web ページを検索結果として表示する。検索結果は，キーワードとの関連度や Web ページの評価値に基づいてリスト表示される。リストの表示順は，各サーチエンジンでさまざまな工夫が施されている。代表的な Web 検索ランキングアルゴリズムは **PageRank** である。「多くの良質のページからリンクされているページは良質のページである」というアイディアでページのスコアを算出する。WWW を大規模有向グラフととらえて，ページを端点，リンクを辺としたグラフ解析により各ページのスコアを算出している。グラフの隣接性評価により意味の薄いリンクの評価を抑えることで，リンク集のようなサイトからのリンクの重要性を相対的に減らす特徴も備えている[3]。

このように，サーチエンジンの利用は，一般的な情報等を探す際には有効な手段といえるが，学術研究用途では情報の信頼性や新鮮度を容易に評価できないため，学術研究用途に耐えうる情報源から検索できるサーチエンジンや各種データベースに関する知識が必要である。学術利用の観点から，蔵書検索システムならびに各種データベースについて以下で概観する。

6.4.1 OPAC(オンライン蔵書目録)

蔵書検索は書誌情報データベースの検索インタフェースとして，また，蔵書管理・予約・貸出・返却の統合サービスを提供している。大学図書館の **OPAC**(Online Public Access Catalog)は，目的の図書や雑誌が大学に蔵書されていれば，学内のどこに何冊あるのか，貸出中であるかどうかを調べることができる(図 6.2)。大学図書館にない図書・雑誌は外部の OPAC などを利用することになるが，「各外部機関の蔵書を探す」機能が大学の OPAC に用意されている。目的の文献が国内のどの図書館に蔵書されているのかを調べることができ，リンクをたどることで貸出可否の確認や，予約・取寄の申請が可能な場合もある。

---

3) サーチエンジンの運営は広告掲載によるところも大きい。検索連動型広告という種類の広告が検索結果表示に含まれている場合もあるので注意されたい。

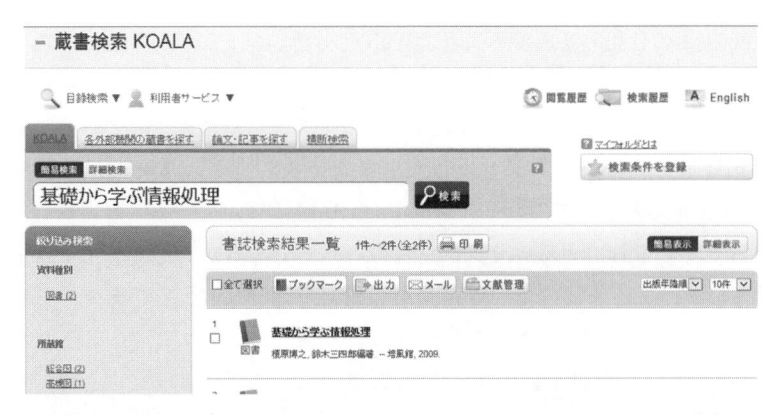

図 6.2　KOALA（Kansai University OPAC for the Library）**での検索例**

6.4.2　学術サーチエンジン

（**1**）**CiNii**　学術論文，図書・雑誌を探すとき，まずアクセスすべきサイトは大学図書館であるが，さらに広く検索を行いたい場合には，国立情報学研究所が提供する CiNii が利用できる。3 つのデータベースからなり，国内の学術資料をほぼ網羅している。

・CiNii Articles──学術論文データベース：　日本の論文を探す。

　キーワードに関連する論文をたくさん集めたいときは，フリーワード検索を行う。具体的な論文名（タイトル）や著者名，雑誌名がわかっている場合は，詳細検索を行う。検索結果には，タイトル，著者名，抄録，雑誌名，巻・号などの書誌情報に加えて，本文データを PDF で提供する学会ポータルなどの組織へのリンク，DOI（Digital Object Identifier），大学図書館へのリンクが掲載される。

・CiNii Books──総合目録データベース：　日本の大学図書館の本を探す。
　検索結果は，検索式の評価に従ってリスト表示される。検索結果の一つをクリックすると当該資料を所蔵する図書館の OPAC へのリンク付きリストで表示される。リンクをたどることで貸出可否の確認や，予約・取寄の申請が可能な場合もある。

・CiNii Dissertations──日本国内の博士論文データベース：　日本の博士論文を探す。
　博士論文がデジタル化・公開されていれば，リンクをたどって本文・要旨・

審査要旨の PDF ファイルをダウンロードすることができる。また，PDF 本文の全文検索が可能な論文もある。RefWorks, EndNote, BibTeX などの書誌情報の書き出しフォーマットが提供されており，論文執筆にあたって参考文献リスト作成に役に立つ。

(2) Webcat Plus　　人間が思考するように例示によって関連情報をたどる「連想検索」機能を特徴とする国立情報学研究所が提供する検索サービスである。江戸期前から現代までに出版された膨大な書物を対象に，全国の大学図書館や国立国会図書館の所蔵目録，新刊書の書影データ，目次 DB，電子書籍 DB など，書物に関するさまざまな情報源を本・作品・人物の軸で整理統合して検索と表示に利用している。検索キーワードや検索式を曖昧に記述しても，それなりの検索結果の集合が得られ，「連想×書棚」に保存することができる。ユーザに個別化された書棚の連想ボタンをクリックすることで新しい書棚を呼び寄せる連想機能により，偶然の発見が得られるかもしれない。

(3) WorldCat　　国内にとどまらず，海外での学術研究を行うとき，あるいは，世界規模で検索したい場合は，WorldCat を利用するとよい。WorldCat は OCLC（Online Computer Library Center）に参加する図書館の 20 億件を超える図書館資料を目録化した総合目録を公開しており，目的の資料を蔵書している近くの図書館を探すこともできる。

(4) Google Scholar　　主に学術用途での検索を対象として論文などの学術出版物の全文や書誌情報を検索できる。Google の Web 検索とは，WWW 上に重複している同一と評価できる論文を一つの検索結果候補としている点が異なる。論文が有料の雑誌に掲載されている場合でも，機関リポジトリや著者のサイトから無料でダウンロードできる場合や arXiv[4] にプレプリントがアップロードされているなどの場合は，論文本文を電子的に入手することができる。

(5) J-Global　　科学技術振興機構が運営する総合的学術情報データベースである。研究者情報，研究機関情報，文献・書誌情報，特許，研究課題ならびに科学技術用語，化学物質情報等のすべての情報が無料で公開されている。文献と特許を人（著者・発明者）で連結して，研究者どうしのつながりを「共同発

---

4)　arXiv（アーカイブ）は数学，物理学，天文学，統計学などのプレプリントを含む学術論文リポジトリである。http://arXiv.org

明の研究者」や「研究内容に近い研究者」で表現している点が特徴的である。利用者が着目した情報について連携する外部サイトへのリンクが付与されており，関連情報の調査を支援している。学修上の質問やゼミ・研究室を選ぶときに参考になるであろう。

6.4.3　専門データベース

大学図書館の Web サイトには，大学の構成員(教員・学生・研究員など)が利用できる各種データベースへのリンク集が用意されており，学外の多様な資料にアクセスすることができる。無料アクセスサイト以外はライセンスの形態により接続できる端末が限られていたり，学内からのみのアクセス制限であったり，さらに同時アクセスユーザ数に制限があるなど，利用の際には確認が必要である。ここでは代表的なデータベースについて紹介する。

(1)　**科学技術系データベース**　　科学技術振興機構による JDreamIII は日本最大級の科学技術文献データベースであり(図 6.3)，国内および海外の科学技術や医学・薬学関係の文献や論文情報を 6,000 万件以上収録している。外国語文献は日本語による抄録(要約文)が掲載されている。JMEDPlus とMEDLINE の収蔵により医学薬学文献は豊富である。

さらに，科学技術系の研究では，研究成果を特許や実用新案として登録することも多い。特許情報プラットフォーム J-PlatPat[5]は，独立行政法人工業所有権情報・研修館が運営する特許，実用新案，意匠及び商標等の産業財産権関連の工業所有権公報等を無料で検索・照会できるデータベースである。研究テーマの設定や研究開発の方向付けの際に参考になる(図 6.4)。

(2)　**人文・社会学系データベース**　　一般誌から専門誌，大学紀要，海外誌紙まで収録した雑誌論文検索データベース MagainePlus は(図 6.5)，人文・社会学系研究の文献調査に役立つ雑誌記事索引の収集対象と規模をもつ(収録雑誌約 4.5 万誌，論文・記事 1670 万件(2017 年 5 月現在))。図書よりも新鮮な情報がほしい，図書だけでは文献数が足りない場合や，特定のテーマについての雑誌論文や特定の雑誌論文を探している場合に役に立つ。ただし，本文データがついていないので，大学図書館の OPAC 連携検索などを利用して，実物の

---

5)　Japan Platform for Patent Information

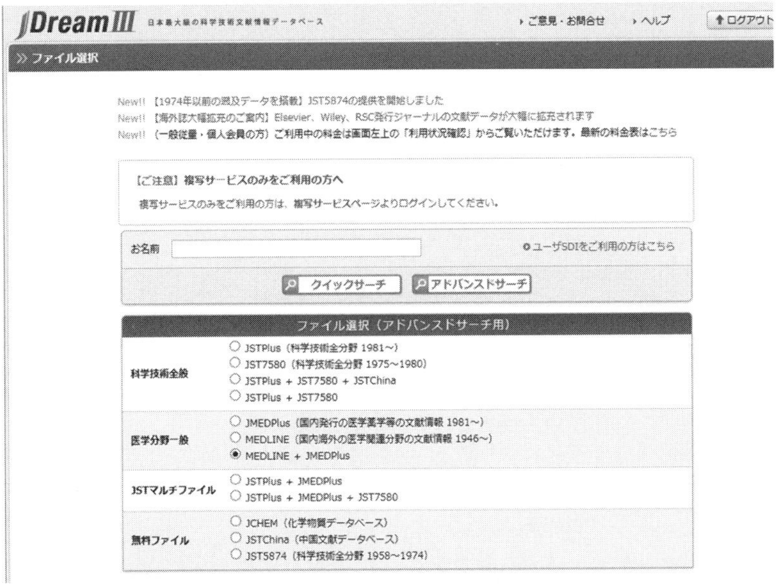

図 6.3 JDreamIII

特開2016-189894	密着防止材及びその製造方法	学校法人 関西大学 他	2016年11月10日	特願2015-071184	2015年03月31日	A61L 31/00
特開2016-181812	情報収集装置、センサーノードおよびそれらを備えた情報収集システム	学校法人 関西大学 他	2016年10月13日	特願2015-061170	2015年03月24日	H04Q 9/00
特開2016-169211	ビニルエーテルの製造方法、及びエーテル交換反応用触媒	学校法人 関西大学 他	2016年09月23日	特願2016-043282	2016年03月07日	C07C 41/14
特開2016-164948	キャパシタ用正極およびキャパシタの製造方法ならびにキャパシタ	住友電気工業株式会社 他	2016年09月08日	特願2015-045217	2015年03月06日	H01G 11/86
特開2016-155994	ゲル素材及びその製造方法	学校法人 関西大学	2016年09月01日	特願2015-166211	2015年08月25日	C08L 5/00
特開2016-152595	無線装置およびそれを備えた無線通信システム	日本電気通信システム株式会社 他	2016年08月22日	特願2015-030806	2015年02月19日	H04W 74/08
特開2016-152364	誘電体材料	トヨタ自動車株式会社 他	2016年08月22日	特願2015-030009	2015年02月18日	H01G 4/18
特開2016-152175	コンポジット誘電体材料	トヨタ自動車株式会社 他	2016年08月22日	特願2015-030021	2015年02月18日	H01B 3/00
特開2016-150065	指標算出装置、指標算出システム、指標算出方法、および制御プログラム	学校法人 関西大学	2016年08月22日	特願2015-028058	2015年02月16日	A61B 5/02

図 6.4 J-PlatPat で関西大学をキーワードに入力して検索した例

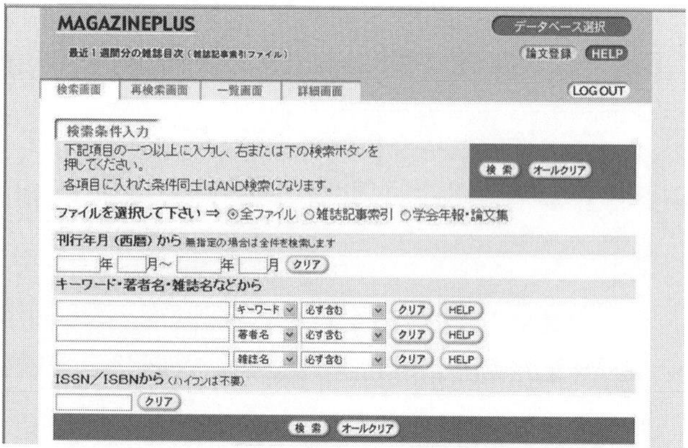

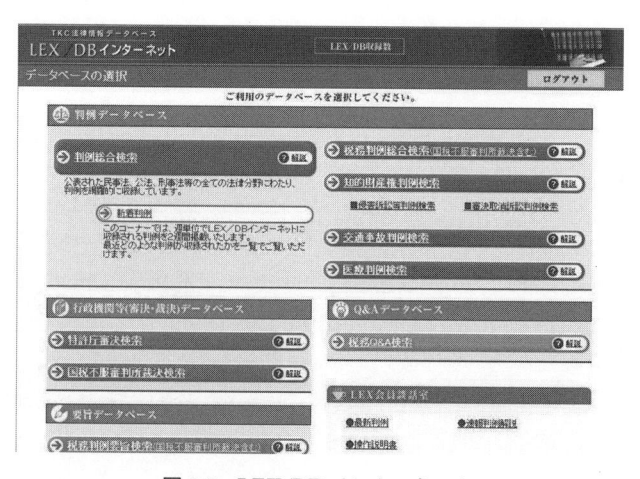

図 6.5　**MagazinePlus** の検索画面

文献を入手する必要がある。

　また，法律や裁判の判例は法曹人の情報であると考えがちであるが，たとえ
ば，不動産取引でのトラブルの解決法を調べたいという要求や，交通事故の損
害賠償のあり方は過去においてどうであったかなど，法律や裁判の判例もまた
我々の日常生活で必要とされている情報の一つである。LEX/DB インター
ネットは（図 6.6），法律情報データベースとして判例集 136 誌 282946 件（2017

図 6.6　**LEX/DB** インターネット

年7月現在)の判例から構造的な検索サービスを提供している。検索キーワードによる全文検索とともに，刑民区分，法編・法条，裁判結果を構造的に指定することができる。

6.5 まとめ

　情報検索システムは，原資となるデータを蓄積するデータベースと，利用者の要求に適合しそうなデータを選び出して提供する検索システム，そして利用者により成り立っている。本章では，データベースの最低限必要な知識について概観した。これを駆使することで，自己増殖的に知識を増やす準備ができた。情報検索においては代表的な情報源を紹介したが，"適切なキーワードを用意すること"は，目的の情報を的確に効率良くみつけるために重要である。さらに，キーワード間の関係を検索の意図どおりに表現できる能力も必要である。データベースを知り，さらに情報検索を知ることは，今後の学習や研究を効率良く，より優位に進めるための確かで強力な知識となる。

コラム2：大きなカブ

　うんとこしょ，どっこいしょ，それでもカブは抜けません。おじいさん，おばあさん，こども，いぬ，ねこ，ねずみが力をあわせてカブを抜いたという，とても有名なロシアの昔話です。主題は「協力」であると多くの人が感じたはずです。「協力」をキーワードとして"おおきなカブ"を探そうとしたとき，情報検索では，キーワードに指定した文字列やその類語などが検索対象に含まれているようなデータであれば容易にみつけることができるのですが，本文，書誌情報，要約・抄録などに「協力」という文字列が含まれない場合は，検索の結果に"おおきなカブ"が含まれません。さらに，この昔話には大男や熊などの力もちが登場しないことから，「弱者も力をあわせることで困難を克服できる」ということをも伝えたいと考えられます。計算機が(協力，弱者，困難克服)というキーワードで"おおきなカブ"を探してくるためには，"おおきなカブ"を読んだ一般の人が可能な認知，認識，判別といった機能を実装し，情報検索の部品として組み込むことが必要です。今後の課題ではありますが，データサイエンスや深層学習の発展により，少しできそうな見通しもたってきました。

参 考 文 献

増永良文著，リレーショナルデータベース入門：データモデル・SQL・管理システム・
NoSQL，サイエンス社(2017)

佐藤洋行・原田博植・下田倫大・大成弘子・奥野晃裕・中川帝人・橋本武彦・里洋平・
和田計・早川敦士・倉橋一成著，データサイエンティスト養成読本——ビッグデータ
時代のビジネスを支えるデータ分析力が身につく！，技術評論社(2013)

参考 URL

関西大学図書館データベースポータル

http://opac.lib.kansai-u.ac.jp/?page_id=17337

7

情報倫理

本章の目的は，コンピュータやインターネットの利用に関する「情報倫理」について，その現状と今後の検討課題について解説することにある。具体的にはまず，情報ネットワーク社会において「倫理」が求められ，その要請に応じたさまざまな「ルール」がつくられてきたことを説明する。次に，情報ネットワーク社会特有の倫理観の特徴にふれ，その背景と問題点を考察する。三点目に，情報倫理における責任のあり方を検討する。そして最後に，国民が安心して参加しうる情報ネットワーク社会のために何が求められているのかを考えたい。

7.1 「情報モラル」と倫理

7.1.1 法と倫理の関係とは

法やルール(規則)は，遵守されるためにつくられている。しかも，単に守られれば良いだけではなく，守られなければならない「理由」が，法の対象となる人々に理解されていることが理想である。また，その「理由」は刑罰による制裁と無関係であることが望ましい。それはいったい，なぜなのか。

まず押さえておきたいことは，原則的に法のあり方は社会内の倫理のあり方に規定される，ということである。これはどういうことか。たとえば，電車内で携帯電話の通話をしている人に対して私たちが不愉快な思いをいだくのは，電鉄会社による「電車内で通話はご遠慮ください」というルール(この場合は努力義務)があるからではない。逆に，電車内の通話を人前で行うべきでないという，生活習慣のなかで形成された価値意識で生きている人々が多数だから，あとから電鉄会社のルールができたのである。このように多くの場合，法は倫理が形成されている土台の上に成立している。また，ある触法行為に対し

て国によって罰則が大きく異なるのも，法が倫理と密接に関係しており，倫理がその行為をどれだけ許されないことだとしているかによって，罰則の軽重が変化するからである。

　さてここで，**倫理**とは何か，また倫理と法との関係について簡単にふれておきたい。「倫理」の語義は一般に，"人と人の間の関係において守り行うべき筋道"と理解されている。倫理や倫理学のことを英語では ethics というが，この言葉はギリシア語の ethos が語源であり，習慣あるいは習俗を意味している。古代ギリシアの共同社会において行われている生活様式が，まさに ethos である。この共同社会における生活様式が土台になって，社会のなかで人として守るべきことが生まれ，守りつがれていく。

　しかし，社会のなかで生まれた個人の価値意識は，必ずしも社会の倫理と同一の内容を形成するとは限らない。倫理を破り，踏み越えようとする者も現れるだろう。そこで人々は「法」を形成し，「〜しなければならない」「〜してはならない」という命令によって強制し，従わなければ制裁をもって応じることになる。法は社会の倫理のなかから生み出され，また倫理によって法の遵守が確保されている。逆に，倫理が既存の法を必要としなくなれば，その法は守られずに形骸化し，倫理によってその法は改正を余儀なくされるだろう。

　ではなぜ，個人が倫理を意識することが重要なのか。もし個人が法を守る理由を「罰を受けることが怖い」だけでとらえるならば，対象となる行為を規制する法さえなければ何をやってもよい，ということになりかねないだろう。近年は「刑務所に入りたい」，あるいは「死刑になりたい」から罪を犯す人間が現れ，抑止の強化策が制裁の強化にのみ集中してしまう問題が指摘されている。社会には法のみが存在するわけではなく，倫理がその土台となって社会の規範を形成していることを忘れてはならない。

　一方，企業においても倫理は重要な問題である。昨今は企業の「コンプライアンス」が重視されるようになった。日本語では「法令遵守」と訳すことが多いが，成文法(文字によって表記される形で制定されている法)を守って企業活動を行えばよい，という狭義の理解がある一方で，成文法の有無を問わず，社会的道義的に批判を浴びるような企業活動によって，企業が信頼をなくすことのないように，広義で「法を守る」ことが企業活動に求められる，というとらえ方もある。後者で語られる場合には明らかに倫理を含んでいる。いずれも倫

理は重要な役割を占めている。

さて，本章の表題にある「情報倫理」とは，情報ネットワーク社会における倫理を対象としている。まずは，すでに定着しつつある「情報倫理」誕生の歴史について，簡単に振り返っておきたい。

7.1.2 「情報倫理」「情報モラル」の歴史

日本では1990年代後半に，インターネット利用者が加速度的に増加した。総務省「通信利用動向調査」によれば，1997年末で1155万人（人口普及率9.2％）にすぎなかったインターネット利用者数は，2000年末で4708万人（同37.1％）に激増した（図7.1参照）。3年で実に4倍以上である。それにともない，インターネット利用者間のトラブルが社会問題視されるようになった。そこで，公共の場でのエチケット，マナーを普及させようとする意図から「情報倫理のルール化」が進められてきたのである。それが「**情報モラル**」とよばれる教育活動であった。

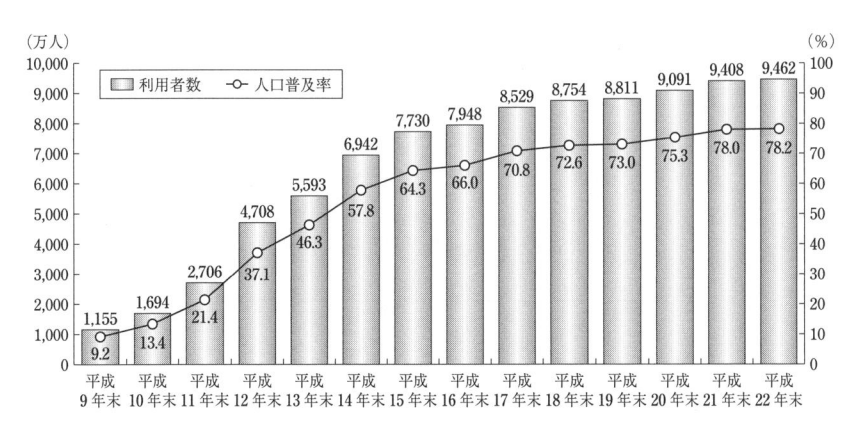

(注) ①平成9〜12年末までの数値は「通信白書（現情報通信白書）」から抜粋。
②インターネット利用者数（推計）は，6歳以上で，過去1年間に，インターネットを利用したことがある者を対象として行った本調査の結果からの推計値。インターネット接続機器については，パソコン，携帯電話・PHS，携帯情報端末，ゲーム機等あらゆるものを含み（当該機器を所有しているか否かは問わない。），利用目的等についても，個人的な利用，仕事上の利用，学校での利用等あらゆるものを含む。
③平成13年末以降のインターネット利用者数は，6歳以上の推計人口（国勢調査結果及び生命表等を用いて推計）に本調査で得られた6歳以上のインターネット利用率を乗じて算出。
④調査対象年齢については，平成11年末まで15〜69歳，平成12年末は15〜79歳，平成13年末以降は6歳以上。

図7.1 インターネット利用者数および人口普及率の推移（個人）
（「平成22年　総務省通信利用動向調査」p.48，図表4-2より引用）

　「情報モラル」という用語が初めて公文書に登場するのは，1996 年の旧文部省「中央教育審議会第一次答申」からとされている。その後，コンピュータやインターネットの初心者や児童生徒に対してマナー，エチケット等を教える際の合い言葉のように使用され定着してきている，歴史の新しい用語である。「情報モラル」の語義は，2000 年 3 月「高等学校学習指導要領解説（情報編）」で初めて定義づけられた。そこでは「情報モラル」を「情報社会で適正な活動を行うための基になる考え方と態度」ととらえることになった。

　学校以外でも，主に事業者団体から「情報モラル」の普及活動が進められてきた。アメリカでは 1992 年に計算機械学会（ACM）が倫理綱領を作成したが，日本では 1996 年に「電子ネットワーク運営における倫理綱領」を，電子ネットワーク協議会（後の（財）インターネット協会）が制定した。その「目的」には，「電子ネットワークを介してパソコン通信サービスを提供する国内の事業者および主催者」に対して，「他人への誹謗中傷，公序良俗違反など様々な倫理問題が生じないようにするための基本方針を提示する」ことが謳われている。この時代はまだ事業者のための綱領を作成する段階であり，国民規模でインターネットが利用される環境ではなかった。

　ACM による倫理綱領制定とほぼ同時期の 1991 年に，日本で（社）コンピュータソフトウェア著作権協会（ACCS）が設立された。同協会は「情報モラルの森」という概念図を示し，著作権侵害とネット上のマナー等の関連性を主張してきた（図 7.2 参照）。地上に見える 5 本の樹は「マナーとルール」「情報リテラシー」「コンピュータセキュリティ」「個人情報とプライバシー」「著作

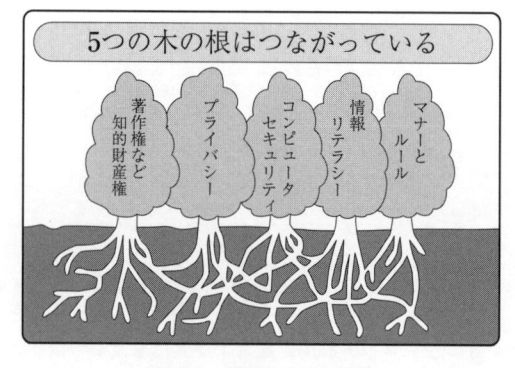

図 7.2　情報モラルの森

権など知的財産権」であり，それらが同じ根底でつながっている問題であるという概念図である。現在は，特に後者の2つの樹を大きく描き，その分野の樹にとって情報モラルが重要な役割を果たしていることを強調している。

また同協会では「情報モラル10ヶ条」を提起し，情報モラル運動を進めている。

ACCS の「情報モラル 10ヶ条」

第1条 これからは情報が価値の中心。発信者としても受信者としても情報を見極める目が問われる。

第2条 また，年齢や社会的地位などよりも，情報がその人の評価を決める。自己表現，意思表示の力を磨こう。

第3条 同時に，相手の気持ちを想像し，尊重する力も。

第4条 情報のデジタル化は諸刃の剣。デジタルデータの取り扱いには細心の注意が必要。

第5条 特に，人の情報(個人情報，著作物)を扱うときは慎重に。

第6条 また，一度，ネットワークにアップされたものは永遠に回収できないことを知っておこう。

第7条 未知の人との出会いは刺激的だが，当然，それだけリスクも高い。

第8条 また，ネットワークでのコミュニケーションは壊れやすいことも知っておこう。

第9条 特に電子メールは便利で手軽なメディアだが，その分，コミュニケーションが「雑」になりがち。

第10条 たまには会って話そう。

この「10ヶ条」は必ずしも10の内容に分かれているわけではなく，大きく分けて3〜4つ程度の内容に，注意点やアドバイスが書かれているものである。特に，第4〜6条にある，個人情報の扱いには特に慎重を期す必要があるということについて，デジタルデータは一度ネット上に出たら二度と回収できないという点，第7〜10条にある，ネット上のコミュニケーションは一般の社会的交友関係と必ずしも同じではないため，面と向かって会うことも忘れないようにしようという点，この二点はインターネットによるコミュニケーションの特徴を知るうえで示唆的な条文となっている。

7.1.3 情報倫理の「ルール化」の功罪

　しかし，情報倫理を「情報モラル」というルール集に変換して教育するテキストが少なくない現状は，必ずしも好ましい事態とはいい切れない。もちろん，ネット初心者を指導するための情報は必要である。しかし，「ルール集」を一方的に守るだけならば，私たちは「情報倫理」という命令に従うだけの，疎遠で一方的な関係になってしまう。「ルール集」を守ることで終わるのであれば，私たちは何も「情報倫理」を学問として扱う必要などないだろう。

　倫理を理解できるだけの大人であれば，「すべし」「すべからず」にとどまらず，情報ネットワークの世界にかかわるにあたっての「倫理」を十分に理解する必要があるし，さらにすすんで「情報倫理」のあり方を考察できるようになる必要がある。

　私たちが考えておくべきことは，コンピュータやインターネットにおいて，何が迷惑になりうるのかを，あらかじめ想定しておくことである。その想定に基づいて行動できれば，後述するような「責任」を担って行動することも可能であろう。「迷惑をかける」ことを完全に防ぐのは難しいとしても，何をすれば「迷惑をかける」ことにつながるかを想像することは可能だからである。各人が迷惑をかけることを防ぐことは，各人が迷惑を被ることを防ぐことでもある。

7.2 「自己責任」か，それとも「責任」か

　コンピュータの初心者を含めた利用者全体が考えておかなければならない「責任」問題を本節で検討したい。

7.2.1 「責任」の複雑化，不明瞭化

　一般に人間が「責任」を問われるのはどのような場面だろうか。まず，何らかの事件・事故が起こった際，その原因を問われる場合，「この問題が生じたのはあなたの責任である（責めを負うべきである）」という形で問う責任がある。これは日本では多くの場合「賠償責任」と一体でとらえられる。逆に，「各人が責任をもって行動しよう」と呼びかけるような場合の，「事が起こる前の心構えとしての責任」がある。

　一般社会では，責めを負うべきは誰なのかを特定するために「責任問題」が追及される。しかし，コンピュータやインターネットにおいては，その追及が困難になる場合がある。たとえば，Ａさんのもとにウイルスに感染したメールが送られてきて，Ａさんのパソコン内のデータが外部に流出したとする。それは誰の「責任」なのだろうか。最初にウイルスを作った者に責任があるのは当然としても，世の中にはコンピュータウイルスがあるということが十分認知されているのに，何の対策も講じないでウイルスに感染したメールをＡさんに送った者も加害者ではないのかという疑問がわく。もちろん，Ａさん自身もセキュリティソフトでウイルスを防御してなかったのだからＡさんが悪い，という意見もあるだろう。また，パソコン内のデータの安全性を守るのはパソコンメーカーの責任ではないのか，有料で接続しているプロバイダには何の責任もないのか，などと異議を唱える人もあるだろう。

　このような状況に対して，一刀両断に「行為者本人に責任がある」という解答を提示するのが，インターネット利用における**「自己責任」**論である。

7.2.2 「自己責任」論流行の背景

　「自己責任」論流行の背景を知るうえで，日米の国際関係を無視することはできない。1980 年代以降，国際政治における「新自由主義」の台頭によって，アメリカの弱肉強食の倫理観が日本へ導入されてきた。日本では主に1990 年代以降に行政改革，地方分権，文部行政などの公文書上に「自己責任」という言葉が現れはじめた。インターネットに関するモラルについての文書では，1998 年頃に「自己責任」という原則が登場する。権威ある文書の中で「自己責任」が登場する最初期のものは 1998 年「電子情報通信学会倫理綱領」といわれている。

　では，その「自己責任」はどういう意味で使用されているのか。たとえば，(財)インターネット協会(IAjapan)の前身の一つである電子ネットワーク協議会が作成した「インターネットを利用する方のためのルール＆マナー集」(1999 年)には，次のように総則のなかで「自己責任原則」を謳っている。

> **インターネットを利用する方のためのルール & マナー集(抜粋)**
>
> **1.2　自己責任が原則であること**
>
> 　インターネットを利用して情報を受信したり発信したりするときには,それに
> よって生じるリスクや社会的責任や法的責任を自身が負わなければなりません。

　個人ユーザはマスメディアのように職業的専門家集団に所属しているわけで
はなく(ゆえに「職業倫理」を求められることもない),一人のユーザが反倫理
的行動を起こしたとしても,法的な摘発さえ受けなければ,ほとんど制裁を受
けることがない。多くの場合,法的規制は倫理的要請を受けた罰則化であっ
て,反倫理的行為全体よりも規制の対象が限定される。また,規制は法制化以
降になり,後手にまわるのが常である。そのような状況で,何らかの規制を望
む声を受けた結果,インターネットの世界に「自己責任」論が登場したと考え
られる。

　しかし,「他人に迷惑をかけない」ということと「自分でしたことは自分で
責任をとる」ということは,必ずしも同じ行動を表現していない。「他人に迷
惑をかけない」ということと「責任」とは関係があるが,「自分でしたことは
自分で責任をとる」(自己責任)からといって「他人に迷惑をかけない」わけで
はない。だとすれば,「自己責任」は「責任」と同一ではなく,似て非なる概
念である。

7.2.3　インターネットの「自己責任論」はなぜ問題か

　前項で述べたように,「責任」と「自己責任」は明確に区別されるべき概念
である。「責任」概念は「事が起きた後」だけでなく「事が起きる前」の態度
をも要求するが,「自己責任」が問題とするのは「事が起こった後」だけであ
り,しかも「自身の」責任についてだけを検討しているからである。つまり,
「(自分にも他人にも)責任問題が生じないように利用しよう」ではなく,「責任
主体はあなたです」といっているにすぎない。

　したがって,「自己責任」論は,ユーザに対する行動規制としては無力であ
るといわざるをえない。悪事をはたらこうとする者は法的制裁が及ぶまで,あ
るいは及んでもなお「自己責任」で悪事をはたらくであろうし,被害を受ける
ユーザも法的保護を受けられなければ「自己責任」で泣き寝入りをするほかな

くなってしまう。

　それに対し「責任」概念は，まず個人レベルと集団レベルで区別をする必要がある。（これは倫理学者によってさまざまな定義が存在する。）

　個人レベルでは，「自己責任」で問題にされるような「行為後の責任」（非難を受ける可能性をともなった責任）とは別に，「行為前の責任」，すなわち各々に託された社会的役割を果たすという責任がある。「役割責任」ともよばれるこの責任を，各人が引き受けられる状況にあってはじめて，「行為後の責任」も問うことが可能となる。だから，行為者本人による過失が明確であっても，その行為者が小さな子どもだった場合に，その子どもが非難を受け，賠償責任を負うことはないのである。その意味でも「インターネットは『自己責任』」という原則は本来，責任概念にはなじまない。

　また，集団レベルでは「厳格責任」という考え方がある。これは事故やトラブルの直接的過失がメーカー側になかったとしても，そのメーカーの製品によって生じたのであれば，原則的にそのメーカーが責任を負う，という考え方である。これは公害や医療事故，製造物による危害などで導入されている責任のとらえ方であり，コンピュータやインターネットの世界で導入されれば，「責任」に対する考え方は大きく変化するだろう。

7.3　情報倫理における「責任」

　本節では，情報倫理における「責任」をどう考えればよいかについて，いくつかの特徴点をあげて，ともに考えたい。

7.3.1　「世界とつながっている」ことの両側面

　インターネットは，閲覧可能な世界中のサイトを見ることができ，送信可能な世界中のメールアドレスにメールを送ることができる。逆からいえば，自分が開設したサイトに書かれた内容は世界中で閲覧することが可能であるし，メールも，世界中から届きうることになる。これだけを聞くと一見，夢のような魔法の道具に聞こえてくる。確かにそういう側面をもっているが，しかしそれは物事の片面しか説明していない。

　自分のサイトやブログをつくって，世界中に自分についての情報を提供する

ということは，いい換えれば世界中に自分の情報が「流出」しているということでもある。世界中のアドレスに瞬時に送受信ができるということは，世界中から迷惑メール（コンピュータウイルスやスパム（spam）メールなど）が送られてくる可能性がある，ということでもある。しかしながら，これはインターネットが形成する「関係」がもつ基本的性格であり，良いことばかりでもなければ，悪いことばかりでもない。

　一般社会でも子どもを狙った犯罪は多発しており，インターネットでも犯罪の種類が違うだけで犯罪が多々あるのは変わらない。お年寄りを狙った「振り込め詐欺」があるように，子ども向け携帯サイトを装って金銭の振り込みを要求するフィッシング詐欺が存在する。サイバー犯罪が激増している，といわれるが，現在インターネットを利用する初心者があまりに無防備であるがゆえに，そこへ犯罪者が群がっているだけである。ユーザの警戒心が強まり，インターネットで犯罪ができなくなれば，犯罪者はまた別の空間へ移動するだけのことである。「インターネットだから怖い」のではなく，怖くしたのは人間の行いの結果なのである。

　利便性を享受するのも人間ならば，トラブルを起こすのも人間である。コンピュータは人間生活を豊かにしうる道具の一つであって，インターネットを安全に利用できるようにするのも人間の仕事である（コンピュータのセキュリティについては第5章を参照）。「道具」のメリットを伸ばし，デメリットを減らしていくのを個々人の心がけだけにすませず，多くの人間の努力と技術が結集しなければならない。

7.3.2　情報の送受信における「責任」

　情報ネットワーク社会は，一般の社会と同じように世界中に情報を送ることができるし，世界中から情報が届く。しかし一般の社会と情報ネットワーク社会の最大の相違は，アドレス情報やURL情報へ，容易に瞬時に大量にアクセスできるという点にある。

　このような環境下で，情報の送受信にはこれまでとは異なる責任が発生する。インターネット上での個人攻撃や人権侵害など，迷惑行為はもちろん許されないが，そういう意図をもっていない行為であっても，被害者や加害者になる可能性がある。注意すべきポイントとして，①情報には「完全に善意」も

「完全に悪意」もあるということ，② 情報は「完全に好意」で受け取られる場合も「完全に悪意」で受け取られる場合もあるということ，さらに，③「完全に善意」であっても誰かによって「悪用」される可能性は否定できないということ，の三点をあげることができる。

まず，① 情報には「完全に善意」も「完全に悪意」もあるということ，についてである。一般論として，残念ながらネット上の情報には誰かのためになろうという誠実な善意の情報に紛れて，デマを流し，誰かをだまして，陥れてやろうとする悪意ある情報が流れることは避けられない。したがって，情報を受け取る際には信頼できる情報源（公的機関など）から発信された客観的なものであるかどうかを確認しなければならない。また，情報源は，複数から同様の情報が確認できることが望ましいだろう。逆に，自ら情報を発信する際にも，情報の信憑性を十分確認したうえで，可能な限り情報源を明示して発信する必要がある。また，情報の誤りに気づいたときは速やかに訂正し周知させることも必要である。

次に，② 情報は「完全に好意」で受け取られる場合も「完全に悪意」で受け取られる場合もあるということ，についてである。情報は発信した側の意図とは別に，受け取る側にとって価値があるかどうかや，興味深いかどうか，あるいは不愉快かどうかなどによって受け取られ方がまったく異なってくることを理解しておかなければならない。たとえば，ブログでの迷惑行為に，コメント欄が膨大な量のコメントによって罵倒や個人攻撃の応酬，非難合戦と化してしまう「炎上」という現象がある。ブログ上での罵倒が引き金になって，殺人や自殺等の事件も実際に起こっている。この現象は，ブログを見た世界中の人間がまったく好意をもっているか，あるいは逆にまったく悪意をもっているかもしれないことを示している。したがって，情報を発信する際には，不用意に人の神経を逆なでする言葉や，特定の趣味や立場の人を揶揄・嘲笑するような表現も，リスクの高い発言であることを自覚しておきたい。

最後に，③「完全に善意」であっても誰かによって「悪用」される可能性は否定できないということ，についてである。発信者が善意で情報を公開したとしても，「検索」によって情報が集積することによって，まったく無関係な情報が意味のある情報に転化し，個人情報の特定を引き起こす場合がある。その結果，他人に思わぬ「損害」を与えることがある。また，個人の SNS などで

実名を伏せていても，行きつけのお店や，サークルの内容，大学でどういう勉
強をしているかなどで，情報をつなぎ合わされて個人が特定されてしまうこと
がある。ブログや SNS で日常の情報を公開している場合，「その情報を悪用さ
れても問題ない」かどうか，常に意識する習慣はつけておきたい。

　このように，明確な迷惑行為でなくても，「善意」の行為が結果として犯罪
や思いがけないトラブルを誘発することがありうるのが情報ネットワーク社会
の特徴である。いわゆる「心がけ」だけでは犯罪目的の悪意には対応しきれな
いのも，インターネットの特徴であるといえよう。

　しかし，だからといって自己責任を説くだけでは，問題の解決は困難である
ことも改めて指摘しておきたい。当初は誤っているかどうか不明だった情報
を，結果的に誤ったものであると確認できるのも，また情報ネットワークによ
るところが大きいのであって，その意味でも私たちは情報ネットワークを活用
する能力が求められている。そのような能力を鍛えておくことこそ，「メディ
アリテラシー」を身につけているといえるだろう。

7.4　責任ある情報ネットワーク社会のために

7.4.1　自由な通信は国民の権利である

　最後に，私たちが責任ある情報化社会を形成していくために，何が求められ
ているのかについて検討しておきたい。

　まず確認しておきたいことは，現在のインターネットによる自由な通信は，
国民の権利として把握されるべき事柄だということである（第 8 章参照）。その
権利を擁護するためという根拠が存在する限りにおいて，「情報モラル」を含
めた法的，倫理的規制を受け入れる必要がある。これはユーザにとっての義務
の側面である。権利と義務の両方が機能してはじめて，ユーザは情報ネット
ワーク社会での「責任」を果たすことができる。したがって，「自由及び権利
には責任及び義務がともなう」といういい方は不正確であるし，ましてや「権
利を主張するまえにまず義務を果たせ」といういい方は大きな誤解である。

日本国憲法　第十二条
　この憲法が国民に保障する自由及び権利は，国民の不断の努力によって，これを

> 保持しなければならない。又，国民は，これを濫用してはならないのであつて，常に公共の福祉のためにこれを利用する責任を負ふ。

7.4.2 デジタルディバイド(情報格差)

　デジタルディバイドとは，コンピュータやソフトの利用に習熟している人と，そうでない人との間に職業上や学習上の格差が生まれることをさす言葉であったが，現在では，情報にアクセスできる人とそうでない人の格差を意味するようにもなった。現状が進めば，今後ますますインターネットを利用する環境にない人のための「知る権利」が重要となるであろう。大きく分けて地域的，身体的，経済的格差による不利益を考慮する必要がある。

　まず地域的な格差とは，離島やへき地など，ブロードバンドが配備されにくい地域での情報アクセスをスムーズに行える環境づくりである。これは個人レベルでの克服が難しい課題であり，国や自治体による組織的フォローが求められる課題である。

　次に身体的な格差とは，「障害」によってコンピュータやインターネットの利用が困難な人々へのフォロー，また年齢による視力や聴力等の衰えをカバーする諸機能の開発など，「ユニバーサルデザイン」などを含めた総合的対策である。これも個人での克服には限界があり，メーカや行政の取り組みが欠かせない。総務省の調査(図7.3)では，70歳代のインターネット利用者は過半数に達している。今後，この世代の利用が増えるにつれ，すべての年代に利用しやすいパソコンのあり方が今以上に問われるだろう。

　最後に，経済的な格差とは，名前のとおり経済的理由でコンピュータやインターネットが利用できないという格差である。数十年前に比べれば廉価になったとはいえ，パソコン(本体とブロードバンドの諸費用)やスマートフォンの維持費用が家計の一定の割合を占め続けており，年収によって利用率の格差が生まれている。先にあげた総務省の調査(図7.3)でも，年収による格差は以前埋まっていない。日本人の平均年収である400万円台を含む400〜600万円の世帯と，年収200万円未満の世帯とでは，インターネット利用率の差が20ポイント以上開いている。依然として，情報ネットワーク機器の利用に経済的要因が大きく左右している現状に変化はない。

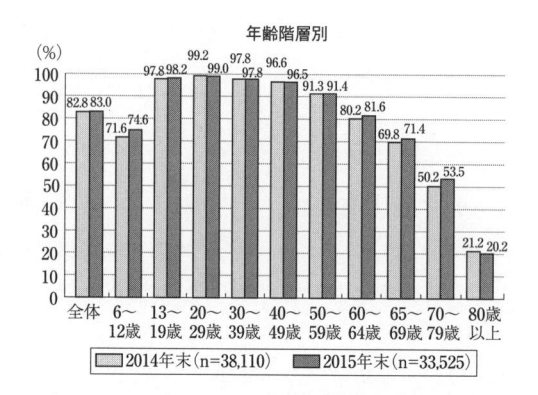

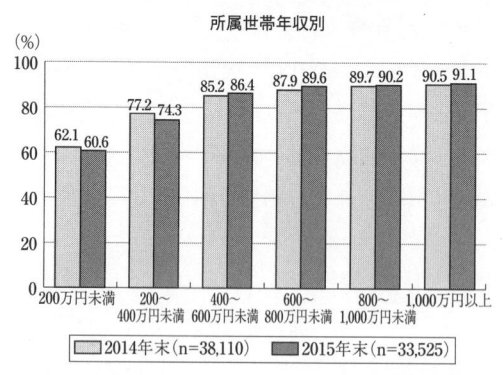

図7.3　属性別インターネット利用率および利用頻度

総務省「情報通信白書」平成28年度版　図表5-2-1-4を引用(http://www.soumu.go.jp/
johotsusintokei/whitepaper/ja/h28/html/nc252110.html)

　いまや,「インターネットがあれば便利だ」という時代から,「インターネッ
トがないと不便だ」という時代へ移行している。たとえば,就職活動の情報収
集やエントリーなど,携帯電話(スマートフォン,モバイルデバイスなど)とパ
ソコンによるインターネット環境は,新卒予定者に不可欠なアイテムになって
いる。1990年代後半にインターネット利用率が国民の一割に達していなかっ
た当時は考えられなかった変化が生じている。

　以上のような情報手段,通信手段などの情報格差(デジタルディバイド)を縮
小させることは,個人レベルでの克服が困難な課題であり,解決されるべき緊
急課題といえよう。

【震災でのデジタルディバイド】 上記のほかにも，震災での安否確認において情報アクセスの格差が問題になったことがある。① ネットにアクセスする手段があるかないかで，安否確認できる人とできない人の格差ができてしまう問題，② 停電による遮断，無線 LAN の故障，携帯ツールの電池切れなどでアクセス不能になる問題，③ アクセスできるメディアが限定されてしまう(たとえばテレビのみ)ことで多様な情報収集ができなくなる問題，などがある。

7.4.3 インターネットの自由を守るために

コンピュータやインターネットを利用するために，少なくとも日本では何らかの免許等の必要がなく，年齢・性別・「障害」などいっさいの制限がない(ただし先に述べたような「ディバイド」は存在する)。これは車両の運転免許や各種危険物の取扱いなどの国家資格と比較しても，大きな特徴といえる。放送局のように免許も必要なく，ポッドキャストによるインターネットラジオや動画配信アプリなどが原則自由に利用できるのは，インターネット普及前までは考えられなかった「通信の自由」の拡大である。

しかし現在，海外では国家規模で公然と特定のサイトやキーワードが表示できないようにコントロールされている国があるといわれており，国際的な批判を浴びている。私たちが国レベルの情報統制に批判的であるのは，無意識的にせよ，通信の自由は国民の重要な権利であると考えているからにほかならない。

また，「健常」者は忘れがちであるが，下記の事例のように，コンピュータ技術は「障害」のある人々のコミュニケーションに画期的な利便性を提供している。

【事例】 視覚障害のある人にとっての音声合成による読み上げソフトは，点字だけに頼っていた状況を一変させ，電子メールやワープロを駆使することによって表現活動が飛躍的に広がった。

聴覚障害のある人にとって手話や口話でしかできなかったコミュニケーションは，携帯電話やスマートフォンによるメールや LINE などの SNS の登場で飛躍的に便利になり，いまや日常会話に不可欠なツールとなっている。

また，四肢に障害のある人や病気で入院中の人も，パソコンや携帯電話を使った

> コミュニケーションの広がりによって，これまでの郵便と電話でしか通信できな
> かった環境を一変させた。

　我が国でも今後，利用者に対して行政による何らかの規制が課せられる可能
性も考えられる。トラブルの原因とされている「匿名掲示板」や「ネットオーク
ション」など，さまざまなコミュニティが現在のままでは運営できなくなる
可能性も考えられる。自由な通信交流を維持しながら，犯罪の加害と被害をな
くし，安全で快適な環境を維持するためにどのように努力すればよいのかは，
インターネット利用者すべてに課せられた課題である。それは，地域住民が安
全に暮らすために，地域の犯罪を撲滅することが住民全体の課題であるのと同
様である。この問題にインターネット利用者が無関心でいることは許されな
い。

　以上のように，快適な情報ネットワーク社会のために，私たち自身がその責
任を担っていることは間違いない。個々人が誰かにいわれたとおりの「情報モ
ラル」を守るだけではなく，変化するコンピュータやインターネット環境に応
じた「情報倫理」を，利用者が相互に協力して検討し，形成していかなければ
ならない。

参 考 文 献
牧野広義著，人間と倫理，青木書店(1987)
清野正哉著，情報社会における法・ルールと倫理，中央経済社(2016)
原田三朗・日笠完治・鳥居壮行著，新・情報の法と倫理，北樹出版(2003)
越智貢編，情報倫理学入門，ナカニシヤ出版(2004)
水谷雅彦編，岩波　応用倫理学講義3　情報，岩波書店(2005)
久保田裕著，情報モラル宣言，ダイヤモンド社(2006)

8

法制度と情報処理

　グローバル社会において，法制度と情報処理に関して「サイバー法」として再編成しようという動きが世界的な潮流となっている。したがって，情報に関する法制度が対象とする分野はきわめて幅広いが，本章では，情報内容に関する諸問題を取り上げ，まず，憲法における情報の取り扱いを概観し，次に，情報に関わる法律上の諸問題について，事例や条文を参照しながら説明することとする。

8.1　情報法制度

　情報法という法律はないが，21世紀に入って情報に関係する法律の整備が進んできた。個人の権利や人権保護にかかわる情報の取り扱いを専門領域とする法律家も増加してきた。また，その一方で，明治4年(1871年)の郵便制度，明治24年(1891年)の電話事業の開始，さらにはラジオ放送，テレビ放送の開始を経て，情報媒体に関する法制度はこれまでも発展しつづけており，メディア産業の適正な活動が議論されてきた。この2つをまとめて，情報法制度は「情報そのものを対象とした法律群」と，「情報媒体すなわちメディアを対象とした法律群」によって構成される。

8.1.1　情報と情報媒体の区分

　20世紀前半までは情報と情報媒体(以下，媒体)は明示的に区別されなかった。電信電話は傍受され，郵便の検閲が行われ，新聞の規制，出版の差し止め，放送は国家統制下におかれていた。つまり，自由な意見を掲載する媒体を規制すれば，ある程度の思想統制の効果が期待できた。

　現代では，もはや情報と媒体とは区別せざるをえない状況となっている。情報は電磁的な形態となって文字情報から視覚情報まで多様な表現が行われるようになった。電磁化された情報は多様な媒体で伝達，表現され，媒体を規制すると現代社会が麻痺するので，情報を媒体で規制することは多メディア状況下では困難である。いまや，情報と媒体とは切り離されてしまった。ひとつのチャネルはさまざまな形態の情報を運び，また，さまざまな方式のチャネルが存在するようになった。

　そこで，「情報そのもののあり方」と「情報の媒体としてのあり方」とを区別して制度体系を構築する必要がある。内容物（情報）とそれを盛る器（メディア）とは制度設計の目的が異なるのである。したがって，情報は権利者の利益を侵害しないよう適正な取り扱いが求められ，一方メディアを運営する産業の活動は，公平な市場ルールに基づいて行われるよう規制されている。

8.1.2　情報の適正な取り扱い

　情報は，フリッツ・マッハルップ（Fritz Machlup）によれば，物財と同様の価値をもっている。すなわち情報は生産，加工，蓄積，流通，消費される財であって，法律上で取り扱う「財」と同様に考えることができる。民法では，物財を**有体財産**，情報あるいは知識を**無体財産**と区別することがある。さらに，財産の保有の形態として私有財と公共財と区分することがあり，前者は資本主義社会では専有が認められており，また後者は，民主主義社会での公平で公正な取り扱いが行政機関に義務づけられている。

　私有財としての情報は，一つには私有財産の権利の下で知的財産として取り扱われる（9章で取り上げる）。また，産業活動や社会生活のなかで取り扱われる情報や知識の保護という意味ももち，個人の人格権や利益が侵害される情報社会の影の部分に対して，刑法や民法に法的な所作が明文化され，特に刑法およびその関連の法律では，情報処理における犯罪行為が定められるようになった。

　一方，公共財としての情報では，憲法において個人の**幸福追求権**のなかであまねく広く情報を共有することが保障され，行政法において，その手続きや諸組織が整備されてきた。また，個人の**表現の自由**は公権力によって阻害されないように保護されている。すなわち，情報社会における民主主義の理念を達成

するため，行政が適正に情報を処理することが望まれている。

8.1.3 情報に関する国際機関

コンピュータおよびネットワークにおける情報処理のうえで，情報内容にかかる諸問題は不可避の問題であり，最近のウイルス頒布が世界的な問題となったように，グローバル社会では緊急性の高いものとなっている。情報法制度が扱う諸問題はネットワークを通じて世界的な広がりをもっていることに注意しておくことが必要である。たとえば，知的財産権に関しては WIPO[1] が設立されており，個人情報保護に関しては OECD[2]，情報公開は外国人にも平等に提供されることが各国国内法で定められている。サイバー犯罪に関しては ICPO[3] を通じて国際的な警察協力が図られている。さらに，ネットワーク・セキュリティについては，各国で CSIRT[4] が組織されており，その組織の国際的な連合体として FIRST[5] が設立されている。

はじめに述べたサイバー法は，こうした国際協力の延長上にあり，国連，サミット，OECD，APEC，NATO など国際的な場で，法制度の整備に向けて各国の努力が続けられている。

8.2　憲法と情報

インターネットは，大学や研究所・企業の研究者や学生などを中心として形成され，政府もこれを基本的に放任する姿勢をとってきたため，きわめて開かれた性格をもってきた。インターネット上のテキスト，音声，写真，動画など，あらゆる表現行為が，**表現の自由**(憲法 21 条)により保障される。だが，インターネットの普及にともない，仮想現実と実際の現実の境目は限りなく接近し，さまざまな形で政府による規制の動きが強まる傾向にある。

---

1) World Intellectual Property Organization
2) Organization for Economic Cooperation and Development
3) International Criminal Police Organization
4) Computer Security Incident Response Team
5) Forum of Incident Response and Security Teams

8.2.1 インターネット上の表現行為

インターネット上では個人の表現の可能性が飛躍的に拡大した。情報を発信し，画像を送付し，公表することは容易であり，インターネットは，すべての人を表現者としたのである。しかも，これまでのように情報の公表を遮ってきたマスメディアのフィルターは存在しない。そのうえ，個人の表現に，従来のような編集者や校閲者によるチェックははたらかない。個人の表現したいことが，その人の思うままインターネットの上では公表されうる。当然，事実確認が十分でないこと，事実に反すること，他人の名誉やプライバシーを侵害することが，そのままインターネットにあふれることになる。

さらに，インターネットは双方向的なメディアであり，インターネット上では個人どうしの対話が可能であるが，その結果として，討論を通して参加者がいきおい中傷合戦や個人攻撃に及ぶことが少なくない。言葉の応酬のなかで，名誉毀損的な発言や侮辱的な発言がなされることもある。フレーミングとよばれるような，過剰な個人攻撃がみられるのも当然である。また画像はデジタルであるため，処理が簡単で，送付もダウンロードもきわめて容易である。わいせつな画像をそのままインターネット上でやりとりすることはきわめて簡単である。加えて，インターネットの大きな特性はその強度の匿名性にある。誰しも，匿名性が確保されるなら，違法な情報の送受信への抵抗は少なくなってしまうものであろう。その結果，インターネットにはいわゆる「有害」とよばれる情報があふれることになったのである。

日本においても，わいせつな画像をサーバにアップロードし，ユーザにアクセス可能にしたことを理由に，刑法175条違反に問われた事例がある。また，インターネット上で児童ポルノをアップロードし，児童買春等禁止法（児童買春，児童ポルノに係る行為等の規制及び処罰並びに児童の保護等に関する法律）違反に問われる事例も増えている。さらに，インターネット上で，レイプなどの性犯罪を依頼して問題とされた事例や，女性の実名をつかってわいせつな書き込みをして名誉毀損罪に問われる事例もみられる。また，名誉毀損やプライバシー侵害を理由に民事上の救済が求められる事例も増えている。さらに，違法な動画や音楽ファイルのアップロードなどの著作権侵害を理由に刑罰が科されている事例も増えている。

このような状況に鑑み政府としては，インターネット上の表現を規制するた

め，1998 年には，**風俗営業法**（風俗営業等の規制及び業務の適正化等に関する法律）が改正され，事業者は青少年に性的な行為を表すような営業を提供することが禁じられた（同法 31 条の 8　2 項）。また，携帯電話による青少年のインターネットへのアクセスを制限するため，**青少年インターネット環境整備法**（青少年が安全に安心してインターネットを利用できる環境の整備等に関する法律）が 2008 年に制定されており，「青少年有害情報」から青少年を保護するため，青少年のインターネットの利用に関係する事業を行う者は（プロバイダー），その事業の特性に応じ，青少年がインターネットを利用して青少年有害情報の閲覧をする機会をできるだけ少なくするための措置を講ずるとともに，青少年のインターネットを適切に活用する能力の習得に資するための措置を講ずるよう努めるものとされた（同法 5 条）。そして，携帯電話インターネット接続役務提供事業者は，携帯電話インターネット接続役務を提供する契約の相手方または携帯電話端末もしくは PHS 端末の使用者が青少年である場合には，青少年有害情報フィルタリングサービスの利用を条件として，携帯電話インターネット接続役務を提供しなければならないとされた（同法 17 条 1 項）。

8.2.2　表現行為とプライバシー

(a)　プライバシーの権利

プライバシーの権利は，雑誌ジャーナリズムの発達した 20 世紀初頭，アメリカにおいて「ひとりで放っておいてもらう権利」として提唱され，不法行為法に関する判例の発展に従って，① 氏名ないし肖像の盗用，② 私生活への侵入，③ 私事の公開，④ 公衆に誤認させるような公表，の 4 つの類型に整理されてきた。情報化社会の進展にともない，プライバシー権を「自己に関する情報をコントロールする権利」として説く見解も有力である。日本では，「宴のあと」事件（東京地判 1964.9.28 下民集 15 巻 9 号 2317 頁）において，プライバシー権は，憲法 13 条における個人の尊厳および幸福追求権を保障するうえで必要不可欠なものであり，不法行為法上保護される人格的利益であることを認めており，「新しい人権」の一つとして確立したものということができる。

プライバシーに関する伝統的な法理は，インターネット上のプライバシーの公表行為にも妥当する。かつては報道機関のそれも政治家・公人などの私生活の公表が主として念頭におかれていたが，インターネットでは，一般ユーザの

表現行為による，友人をはじめとする一般私人のプライバシー侵害も多く問題になっていることは，名誉毀損と同様である。さらに，事件当事者のプライバシーを仮名で公表したとしても，ネット上で当事者が特定され，二次的・三次的なプライバシー侵害を誘引するような傾向がある。

(b) 肖 像 権

個人は私生活上の自由(憲法 13 条)の一つとして，承諾なくみだりに容貌等を撮影されない自由を有する(最大判 1969.12.24 刑集 23 巻 12 号 1625 頁〈京都府学連事件〉)。私法上はこの自由(**肖像権**)はプライバシー権ないし人格権の一部として保護され，本人の同意なくみだりに容貌等を撮影・録画し公表する行為には，不法行為が成立することになる(民法 709・710 条)。

肖像権に関する伝統的な法理は，新聞・放送および週刊誌が取材・報道の一環として公人・著名人の容貌などを撮影・公表する場合を主として念頭においてきたものであるが，やはりインターネットにもそのまま妥当する。特に問題になるのは，スマートフォンの普及により，一般私人の容貌が思わぬ場所・時間で友人や見知らぬ利用者によって精細な画像・動画で撮影され，SNS にアップロードされるという，新しいプライバシー侵害が起きている点である。さらにビッグデータの活用が進む今日では，顔認識画像データが氏名などと同様に個人の識別子として用いられうることに注意が必要である。

(c) 個人情報保護

憲法はそもそも政府の行為を制約する法であるので，憲法 13 条の保障する基本的人権としてのプライバシーの権利は，民間事業者に対しては保障されない。しかし，プライバシーの権利は，民法上の権利でもある。したがって，民間事業者がこの個人の民法上のプライバシーの権利を侵害するとき，それは不法行為となって，損害賠償などの責めを負わなければならないことになる(民法 709・710 条)。それゆえ，プライバシー情報の取得収集，保有利用，提供開示にはすべて同意が基本的に必要とされ，同意がない場合にはプライバシー侵害として損害賠償責任を負うというべきである。特に，**個人情報保護法**(個人情報の保護に関する法律)が適用される事業者であれば，同法の個人情報保護義務を負い，個人情報の収集取得，保有利用，提供開示に関して，個人情報保

護の観点から制約を受ける。

　個人情報保護法制は，基本的に「**個人情報**」を保護するものである。「個人情報」といいうる情報について，その利用があらかじめ設定された目的に拘束され，第三者提供が制限され，情報主体に一定のコントロール権（開示請求権等）が与えられる。したがって，オンライン・プライバシーを考えるうえで，オンライン識別子（端末 ID，IP アドレス，クッキーID 等）が，法律上の「個人情報」に含まれるかが問題となる。旧法は，「個人情報」を「生存する個人に関する情報であって，当該情報に含まれる氏名，生年月日その他の記述等により特定の個人を識別することができるもの（他の情報と容易に照合することができ，それにより特定の個人を識別することができることとなるものを含む。）（個人情報保護法 2 条 1 項）と定義していた。ここでは，「個人に関する情報」というだけでは「個人情報」にあたらず，その該当性を肯定するには，「特定の個人を識別することができるもの」でなければならないとされた。

　改正法は，上述した旧法の定義に加えて，「**個人識別符号**が含まれるもの」を「個人情報」とした（同法 2 条 1 項 2 号）。一見，オンライン識別子も「個人識別符号」として，すべて「個人情報」に含める趣旨のようにも思える。しかし，改正法は，ここでいう「個人識別符号」とは，① 対象者ごとに異なるものとなるように役務の利用，商品の購入または書類に付される符号で，特定の利用者若しくは購入者又は発行を受ける者を識別することができるもののうち，②「政令で定めるものをいう」（法 2 条 2 項）と規定し，オンライン識別子を類型的に，または一般的に「個人情報」に含める考えを採用していない。最終的には，②の政令がどのように定めるかによるが，法改正後も個人特定性ないし容易照合性によって具体的に判断されることになるであろう。

(d) マイナンバー

　2015 年 10 月 5 日，12 桁の個人番号が住民登録（住民票）のあるすべての人に付番された。そして，2016 年 1 月 1 日からは，国の行政機関や地方自治体などに出す申請書等に個人番号の記入を求められるようになった。**マイナンバー**制度の根拠法は「行政手続における特定の個人を識別するための番号の利用等に関する法律」（2013 年 5 月 24 日成立）であり，「行政手続における特定の個人を識別するための番号」とは，マイナンバー，すなわち個人番号のことであ

る。本法は一般的に番号法またはマイナンバー法とよばれる。

　番号制度のメリットとしては，次の 7 点が考えられる。

　　① 正確な情報の管理・正確な情報の連携
　　② より正確な所得把握
　　③ きめ細やかな社会保障
　　④ 迅速な被災者支援
　　⑤ 行政手続の簡素化・無駄の排除
　　⑥ 社会保障給付を受ける権利の保障
　　⑦ 縦割り行政からの脱却

　①から④は，主に行政側からみた視点であり，⑤から⑦は主に国民の側からみた視点といえる。

　マイナンバー法が成立する以前から，すでに個人情報をめぐる法令として，① 個人情報保護法，② 行政機関個人情報保護法，③ 独立行政法人等個人情報保護法，④ 各地方公共団体が定める個人情報保護条例が存在する。基本的に，民間企業は①個人情報保護法に，行政機関は②行政機関個人情報保護法に，独立行政法人等は③独立行政法人等個人情報保護法に，地方公共団体は④各個人情報保護条例に服するものとされている。ただし，①個人情報保護法は民間企業に対する規制が主な内容となってはいるものの，個人情報保護法令の基本法制として，個人情報の取り扱いにかかわる基本理念や，国の責務，地方公共団体の責務等を定めている。そのため，これらについては，民間企業のみでなく，行政機関，独立行政法人等，地方公共団体も①個人情報保護法に服することとなる。

　しかし，マイナンバーは，通常の個人情報に比べ，対象者を正確に特定することができるものであり，悪用された場合の危険性が高い。そこでマイナンバー法では，これらの一般法（個人情報保護法令）の特例を定め，特定個人情報について，よりいっそうの保護措置を講じることとしている。つまり，既存の個人情報保護法令は一般法であり，マイナンバー法はそれに対する特別法となる。つまり，一般法（個人情報保護法令）が基本であるものの，マイナンバー法の目的に鑑み，マイナンバー等に適した規制をマイナンバー法にて課している。したがって，マイナンバーを取り扱うに際しては，従前の個人情報保護法令の規制に従えばよいというものではなく，さらにマイナンバー法に基づいて

取り扱うことが必要となる。マイナンバー法による保護措置は，① 利用に対する措置，② 提供に対する措置，③ 管理に対する措置，④ 本人からのアクセスのための措置，⑤ 取り扱い全般に係る措置がある。

マイナンバー制度は，個人番号を共通番号として，さまざまな業務やサービスで利用されるため，いったんどこかで個人情報が漏れると，「芋づる式の漏洩」が起きる可能性がある。政府は，個人情報は一元管理されているものではなく，分散管理されるので安全であると説明しているが，同じ番号をさまざまな行政事務に使う限り，1 か所での情報漏洩が他所へと広がる懸念もある。

8.3 法律と情報

法律は，国の最高法規である憲法(憲法 98 条 1 項)の下位規範であり，国の唯一の立法機関である国会(憲法 41 条)の議決を経て制定される。2017 年 3 月 1 日現在，1967 の法律が日本には存在する。

法律は国家のルールであるから，それに反した場合には法的責任を負わなければならない。法的責任には，概して，民事責任と刑事責任とがある。**民事責任**とは，自分の行為によって相手に損害を与えた場合にその損害を賠償しなければならないといった損害賠償責任を主とする。他方，**刑事責任**とは，法律によって犯罪とされている行為を行った場合に国家から刑罰を与えられるという責任である。

> **事例 1**
>
> 自転車に乗った X は，不注意で歩行者 Y にぶつかり，Y に怪我を負わせてしまった。この場合，X が負う可能性のある民事責任は，Y に対する手術・治療にかかった費用等の支払いであろう(不法行為による損害賠償，民法 709 条)。また，X が重過失致傷罪(刑法 211 条後段)で起訴され刑事裁判で有罪が確定した場合には，刑罰という刑事責任を負うことになる。

憲法と比較すると，法律はその時代や社会情勢にあわせて新たに制定したり，改正したりすることが比較的容易である。しかし，インターネットの普及・情報化社会の発展のスピードに法律制定・改正作業が追い付かないこともある。その場合には，既存の法律の条文を解釈することで対応しなければなら

ない。

8.3.1　情報を「盗む」——デジタル万引き

店の商品の代金を支払わずに持ち帰る万引き行為は，**窃盗罪**(刑法 235 条)である。「店の商品」が「他人の財物」であり，「代金を支払わずに持ち帰る」行為が「窃取」に該当するため，窃盗罪が成立するのである。

では，書店の商品である旅行雑誌に掲載されているホテルの住所・電話番号等の情報をスマートフォンなどで撮影してその雑誌を購入しない場合(いわゆる**デジタル万引き**)，窃盗罪は成立するだろうか。

雑誌自体を持ち帰ったわけではないから窃盗罪は成立しない，という意見もあるだろうが，デジタル万引きをする客ばかりでは書店はつぶれてしまう。そこで，デジタル万引きは書籍に掲載されている「情報を盗んだ」といえるので，窃盗罪が成立するのではないか，という見解も現れるだろう。

どちらの見解が妥当かを検討するにあたっては，窃盗罪の客体である「財物」をどのように考えるかが重要になる。財物の概念については，有体物(固体・液体・気体)を財物とする**有体性説**と，財物は有体物に限られず管理可能なものも含むとする**管理可能性説**との間で争いがあるが，有体性説のほうが妥当だと考えられている(民法 85 条参照)。

有体性説に従って，窃盗罪の客体である「財物」を有体物であると理解すると，情報が化体された記憶媒体などの有体物については窃盗罪が成立するが，情報という無体物を客体とするデジタル万引きに窃盗罪は成立しないことになる[6]。

事例 2

旧刑法(明治 15 年(1882 年)施行)時代，代金を払わずに電気を勝手に使用した事案において，裁判所は「電流は有体物にあらざるも，五官の作用に依りて其存在を認識することを得べきものにして，之を容器に収容して独立の存在を有せしむることを得るは勿論，容器に蓄積して之を所持し，一の場所より他の場所に移転する等人力を以て任意に支配することを得べく……」と判示した(大判 1903.5.21. 刑録 9

---

6)　デジタル万引きに成立しないのは，あくまでも「窃盗罪」であって，他の犯罪が成立しないとは限らない。たとえば，書店の業務を妨害したとして業務妨害罪(刑法 233 条，234 条)が成立する余地はある。また，デジタル万引き目的で入店した時点で建造物侵入罪(刑法 130 条)が成立する可能性もある。

輯 874 頁)。この判決を機に管理可能性説が唱えられるようになった。また，現行刑法(明治 41 年(1908 年)施行)では「電気は，財物とみなす」という規定がおかれたため(刑法 245 条)，電気を財物として取り扱うことについては決着がついたが，その他の無体物(情報，エネルギーなど)の取扱いについては解釈に委ねられている。

8.3.2 情報を「盗む」──営業秘密侵害行為に対する刑事責任

現在のような高度情報化社会において，情報を盗むことに何らの法的責任を負わせないことは妥当ではない。特に，企業が保有する営業秘密を不正な手段を用いて入手する**産業スパイ**は，被害企業だけではなく，国家経済の根幹をもゆるがす行為であるから，こうした行為は法律によって抑止すべきである。営業秘密は，現代社会ではデータという情報の形で管理・保有されている場合が多いだろう。このとき，産業スパイが営業秘密の印刷された用紙を盗んだ場合には窃盗罪が成立するが，パソコンに保存されている営業秘密のデータを別のパソコンに転送した場合には窃盗罪は成立しない，というのでは均衡を欠く。

このような事態に対応するため，**不正競争防止法**(1934 年制定，1993 年に全面改正)が 2003 年に改正された。① 秘密管理性，② 有用性，③ 非公知性の三要件を備えた**営業秘密**(不正競争防止法 2 条 6 項)を，図利加害目的をもって侵害する一定の行為は，その情報が有体物に化体されているか否かにかかわらず，営業秘密侵害罪として刑罰を科すこととなった(同法 21 条，22 条)。

> **┌ 事例 3─東芝研究データ流出事件①(刑事裁判) ─**
>
> 　東芝の記憶媒体「NAND 型フラッシュメモリ」の研究データを，提携先のサンディスク社の技術者が不正にコピーし，転職先である韓国の半導体メーカ SK ハイニックスに流出させた。転職先での有利な地位を得る目的があったとされている。技術者は逮捕・起訴され，2015 年に東京地裁から懲役 5 年罰金 300 万円の有罪判決を言い渡された。被告人は控訴したが，同年に東京高裁は控訴棄却の判決を下している。

8.3.3 情報を「盗む」──営業秘密侵害行為に対する民事責任

刑罰規定の導入により，営業秘密侵害行為に対する抑止効果が一定程度は期待できるようになった。しかし，それだけでは被害企業側がすでに被った損害

を回復することは困難であり，営業秘密が外部に漏洩したままでは損害発生が継続したり，新たな損害が発生する危険性がある。

　そこで，営業秘密の不正取得や不正取得された営業秘密の使用・開示等を**不正競争**とし（不正競争防止法2条1項），民法709条の不法行為による損害賠償責任と同様に，不正競争行為による侵害者に損害賠償責任を負わせる（同法4条）ことに加え，被侵害者は不正競争行為による侵害の停止・予防および侵害行為組成物等の廃棄・除去等を請求することができることとした（同法3条）。被害企業にとって，損害賠償請求は事後的な救済措置であり，差止請求[7]は即時・事前的な救済措置であるといえる。

事例4―東芝研究データ流出事件②（民事裁判）

　東芝は民事裁判を提起し，SK社に対して当初は約1100億円の損害賠償を求めていたが，SK社が約330億円を支払うことで2014年に和解が成立した。

8.3.4　裁判上での営業秘密保持

　以上のように，営業秘密を厚く保護するために不正競争防止法が改正されたにもかかわらず被害企業が裁判を望まないことがある。これは，裁判が開かれることによって，営業秘密が公にされることを企業が恐れるからである。裁判は公開されることが原則であるため（憲法37条1項，82条），証拠調べ等においてどのような営業秘密が侵害されたのかが法廷で明らかにされてしまうと，かえって営業秘密の非公知性が失われてしまうのである。

　そこで不正競争防止法は，裁判上でも営業秘密を保護するための規定を設けている。民事裁判については証拠調べ等における秘密保持命令（同法10条），当事者尋問等の公開停止（同法13条）などについて規定をおいている。また，刑事裁判については営業秘密の秘匿決定（同法23条），尋問等の制限（同法25条）に関する規定等をおいている。

---

7)　なお，民法上に不法行為を理由とする差止請求権に関する明文規定は存在せず，名誉毀損・人格権侵害といった事件の判例で認められているにすぎない。不正競争防止法でも現在のような差止請求権の明文規定がおかれたのは1993年改正時であり，それ以前はやはり判例で認められているにすぎなかった。

参 考 文 献

小向太郎著，情報法入門 ［第 3 版］，エヌ・ティ・ティ出版 (2015)

松井茂記著，インターネットの憲法学 (新版)，岩波書店 (2014)

松井茂記・鈴木秀美・山口いつ子編，インターネット法，有斐閣 (2015)

水町雅子著，やさしいマイナンバー法入門，商事法務 (2016)

黒田充著，マイナンバーはこんなに恐い！，日本機関紙出版センター (2016)

山中敬一著，刑法各論〔第 3 版〕，成文堂 (2015)

経済産業省・知的財産政策室編，逐条解説不正競争防止法—平成 27 年改正版—(http://www.meti.go.jp/policy/economy/chizai/chiteki/pdf/28y/full.pdf)

参 照 条 文

日本国憲法

第 13 条 すべて国民は，個人として尊重される。生命，自由及び幸福追求に対する国民の権利については，公共の福祉に反しない限り，立法その他の国政の上で，最大の尊重を必要とする。

第 21 条 ①集会，結社及び言論，出版その他一切の表現の自由は，これを保障する。

②検閲は，これをしてはならない。通信の秘密は，これを侵してはならない。

第 37 条 ①すべて刑事事件においては，被告人は，公平な裁判所の迅速な公開裁判を受ける権利を有する。……以下略……

第 41 条 国会は，国権の最高機関であつて，国の唯一の立法機関である。

第 82 条 ①裁判の対審及び判決は，公開法廷でこれを行ふ。

②裁判所が，裁判官の全員一致で，公の秩序又は善良の風俗を害する虞があると決した場合には，対審は，公開しないでこれを行ふことができる。但し，政治犯罪，出版に関する犯罪又はこの憲法第三章で保障する国民の権利が問題となつてゐる事件の対審は，常にこれを公開しなければならない。

第 98 条 ①この憲法は，国の最高法規であつて，その条規に反する法律，命令，詔勅及び国務に関するその他の行為の全部又は一部は，その効力を有しない。……以下略……

民 法

（定義）

第 85 条 この法律において「物」とは，有体物をいう。

（不法行為による損害賠償）

第 709 条 故意又は過失によって他人の権利又は法律上保護される利益を侵害した者は，これによって生じた損害を賠償する責任を負う。

（財産以外の損害の賠償）

第 710 条 他人の身体，自由若しくは名誉を侵害した場合又は他人の財産権を侵害した場合のいずれであるかを問わず，前条の規定により損害賠償の責任を負う者は，財産以外の損害に対しても，その賠償をしなければならない。

刑 法

（住居侵入等）

第 130 条 正当な理由がないのに，人の住居若しくは人の看守する邸宅，建造物若しくは艦船に侵入し，又は要求を受けたにもかかわらずこれらの場所から退去しなかった者は，三年以下の懲役又は十万円以下の罰金に処する。

（わいせつ物頒布等）

第 175 条 ①わいせつな文書，図画，電磁的記録に係る記録媒体その他の物を頒布し，又は公然と陳列した者は，二年以下の懲役若しくは二百五十万円以下の罰金若しくは科料に処し，又は懲役及び罰金を併科す

る。電気通信の送信によりわいせつな電磁的記録その他の記録を頒布した者も，同様とする。

②有償で頒布する目的で，前項の物を所持し，又は同項の電磁的記録を保管した者も，同項と同様とする。

（業務上過失致死傷等）

第211条　業務上必要な注意を怠り，よって人を死傷させた者は，五年以下の懲役若しくは禁錮又は百万円以下の罰金に処する。重大な過失により人を死傷させた者も，同様とする。

（信用毀損及び業務妨害）

第233条　虚偽の風説を流布し，又は偽計を用いて，人の信用を毀損し，又はその業務を妨害した者は，三年以下の懲役又は五十万円以下の罰金に処する。

（威力業務妨害）

第234条　威力を用いて人の業務を妨害した者も，前条の例による。

（窃盗）

第235条　他人の財物を窃取した者は，窃盗の罪とし，十年以下の懲役又は五十万円以下の罰金に処する。

（電気）

第245条　この章の罪については，電気は，財物とみなす。

風俗営業法

（街頭における広告及び宣伝の規制等）

第31条の8　①略

②映像送信型性風俗特殊営業を営む者は，十八歳未満の者を客としてはならない。
　　　……以下略……

青少年インターネット環境整備法

（関係事業者の責務）

第5条　青少年のインターネットの利用に関係する事業を行う者は，その事業の特性に応じ，青少年がインターネットを利用して青少年有害情報の閲覧をする機会をできるだけ少なくするための措置を講ずるとともに，青少年のインターネットを適切に活用する能力の習得に資するための措置を講ずるよう努めるものとする。

（携帯電話インターネット接続役務提供事業者の青少年有害情報フィルタリングサービスの提供義務）

第17条　①携帯電話インターネット接続役務提供事業者は，携帯電話インターネット接続役務を提供する契約の相手方又は携帯電話端末若しくはPHS端末の使用者が青少年である場合には，青少年有害情報フィルタリングサービスの利用を条件として，携帯電話インターネット接続役務を提供しなければならない。ただし，その青少年の保護者が，青少年有害情報フィルタリングサービスを利用しない旨の申出をした場合は，この限りでない。……以下略……

個人情報保護法

（定義）

第2条　①この法律において「個人情報」とは，生存する個人に関する情報であって，次の各号のいずれかに該当するものをいう。

一　当該情報に含まれる氏名、生年月日その他の記述等（文書、図画若しくは電磁的記録（電磁的方式（電子的方式、磁気的方式その他人の知覚によっては認識することができない方式をいう。次項第二号において同じ。）で作られる記録をいう。第十八条第二項において同じ。）に記載され、若しくは記録され、又は音声、動作その他の方法を用いて表された一切の事項（個人識別符号を除く。）をいう。以下同じ。）により特定の個人を識別することができるもの（他の情報と容易に照合することができ、それにより特定の個人を識別することができることとなるものを含む。）

二　個人識別符号が含まれるもの

②この法律において「個人識別符号」とは、次の各号のいずれかに該当する文字、番号、記号その他の符号のうち、政令で定めるものをいう。

一　特定の個人の身体の一部の特徴を電子計算機の用に供するために変換した文字、番号、記号その他の符号であって、当該特定の個人を識別することができるもの

二　個人に提供される役務の利用若しくは個人に販売される商品の購入に関し割り当てられ、又は個人に発行されるカードその他の書類に記載され、若しくは電磁的方式により記録された文字、番号、記号その他の符号であって、その利用者若しくは購入者又は発行を受ける者ごとに異なるものとなるように割り当てられ、又は記載され、若しくは記録されることにより、特定の利用者若しくは購入者又は発行を受ける者を識別することができるもの　……以下略……

不正競争防止法

（定義）

第2条 ①この法律において「不正競争」とは、次に掲げるものをいう。……中略……

四 窃取、詐欺、強迫その他の不正の手段により営業秘密を取得する行為（以下「不正取得行為」という。）又は不正取得行為により取得した営業秘密を使用し、若しくは開示する行為（秘密を保持しつつ特定の者に示すことを含む。以下同じ。）

五 その営業秘密について不正取得行為が介在したことを知って、若しくは重大な過失により知らないで営業秘密を取得し、又はその取得した営業秘密を使用し、若しくは開示する行為

六 その取得した後にその営業秘密について不正取得行為が介在したことを知って、又は重大な過失により知らないでその取得した営業秘密を使用し、又は開示する行為

七 営業秘密を保有する事業者（以下「保有者」という。）からその営業秘密を示された場合において、不正の利益を得る目的で、又はその保有者に損害を加える目的で、その営業秘密を使用し、又は開示する行為

八 その営業秘密について不正開示行為（前号に規定する場合において同号に規定する目的でその営業秘密を開示する行為又は秘密を守る法律上の義務に違反してその営業秘密を開示する行為をいう。以下同じ。）であること若しくはその営業秘密について不正開示行為が介在したことを知って、若しくは重大な過失により知らないで営業秘密を取得し、又はその取得した営業秘密を使用し、若しくは開示する行為

九 その取得した後にその営業秘密について不正開示行為があったこと若しくはその営業秘密について不正開示行為が介在したことを知って、又は重大な過失により知らないでその取得した営業秘密を使用し、又は開示する行為

十 第四号から前号までに掲げる行為（技術上の秘密（営業秘密のうち、技術上の情報であるものをいう。以下同じ。）を使用する行為に限る。以下この号において「不正使用行為」という。）により生じた物を譲渡し、引き渡し、譲渡若しくは引渡しのために展示し、輸出し、輸入し、又は電気通信回線を通じて提供する行為（当該物を譲り受けた者（その譲り受けた時に当該物が不正使用行為により生じた物であることを知らず、かつ、知らないことにつき重大な過失がない者に限る。）が当該物を譲渡し、引き渡し、譲渡若しくは引渡しのために展示し、輸出し、輸入し、又は電気通信回線を通じて提供する行為を除く。）……中略……

⑥この法律において「営業秘密」とは、秘密として管理されている生産方法、販売方法その他の事業活動に有用な技術上又は営業上の情報であって、公然と知られていないものをいう。……以下略……

（差止請求権）

第3条 ①不正競争によって営業上の利益を侵害され、又は侵害されるおそれがある者は、その営業上の利益を侵害する者又は侵害するおそれがある者に対し、その侵害の停止又は予防を請求することができる。

②不正競争によって営業上の利益を侵害され、又は侵害されるおそれがある者は、前項の規定による請求をするに際し、侵害の行為を組成した物（侵害の行為により生じた物を含む。第五条第一項において同じ。）の廃棄、侵害の行為に供した設備の除却その他の侵害の停止又は予防に必要な行為を請求することができる。

（損害賠償）

第4条 故意又は過失により不正競争を行って他人の営業上の利益を侵害した者は、これによって生じた損害を賠償する責めに任ずる。ただし、第十五条の規定により同条に規定する権利が消滅した後にその営業秘密を使用する行為によって生じた損害については、この限りでない。

（秘密保持命令）

第10条 ①裁判所は、不正競争による営業上の利益の侵害に係る訴訟において、その当事者が保有する営業秘密について、次に掲げる事由のいずれにも該当することにつき疎明があった場合には、当事者の申立てにより、決定で、当事者等、訴訟代理人又は補佐人に対し、当該営業秘密を当該訴訟の追行の目的以外の目的で使用し、又は当該営業秘密に係るこの項の規定による命令を受けた者以外の者に開示してはならない旨を命ずることができる。ただし、その申立ての時までに当事者等、訴訟代理人又は補佐人が第一号に規定する準備書面の閲読又は同号に規定する証拠の取調べ若しくは開示以外の方法により当該営業秘密を取得し、又は保有していた場合は、この限りでない。

一 既に提出され若しくは提出されるべき

準備書面に当事者の保有する営業秘密が記載され、又は既に取り調べられ若しくは取り調べられるべき証拠（第七条第三項の規定により開示された書類又は第十三条第四項の規定により開示された書面を含む。）の内容に当事者の保有する営業秘密が含まれること。

二　前号の営業秘密が当該訴訟の追行の目的以外の目的で使用され、又は当該営業秘密が開示されることにより、当該営業秘密に基づく当事者の事業活動に支障を生ずるおそれがあり、これを防止するため当該営業秘密の使用又は開示を制限する必要があること。……以下略……

（当事者尋問等の公開停止）

第13条　①不正競争による営業上の利益の侵害に係る訴訟における当事者等が、その侵害の有無についての判断の基礎となる事項であって当事者の保有する営業秘密に該当するものについて、当事者本人若しくは法定代理人又は証人として尋問を受ける場合においては、裁判所は、裁判官の全員一致により、その当事者等が公開の法廷で当該事項について陳述をすることにより当該営業秘密に基づく当事者の事業活動に著しい支障を生ずることが明らかであることから当該事項について十分な陳述をすることができず、かつ、当該陳述を欠くことにより他の証拠のみによっては当該事項を判断の基礎とすべき不正競争による営業上の利益の侵害の有無についての適正な裁判をすることができないと認めるときは、決定で、当該事項の尋問を公開しないで行うことができる。……以下略……

（罰則）

第21条　①次の各号のいずれかに該当する者は、十年以下の懲役若しくは二千万円以下の罰金に処し、又はこれを併科する。

一　不正の利益を得る目的で、又はその保有者に損害を加える目的で、詐欺等行為（人を欺き、人に暴行を加え、又は人を脅迫する行為をいう。以下この条において同じ。）又は管理侵害行為（財物の窃取、施設への侵入、不正アクセス行為（不正アクセス行為の禁止等に関する法律（平成十一年法律第百二十八号）第二条第四項に規定する不正アクセス行為をいう。）その他の保有者の管理を害する行為をいう。以下この条において同じ。）により、営業秘密を取得した者

二　詐欺等行為又は管理侵害行為により取得した営業秘密を、不正の利益を得る目的で、又はその保有者に損害を加える目的で、使用し、又は開示した者

三　営業秘密を保有者から示された者であって、不正の利益を得る目的で、又はその保有者に損害を加える目的で、その営業秘密の管理に係る任務に背き、次のいずれかに掲げる方法でその営業秘密を領得した者

イ　営業秘密記録媒体等（営業秘密が記載され、又は記録された文書、図画又は記録媒体をいう。以下この号において同じ。）又は営業秘密が化体された物件を横領すること。

ロ　営業秘密記録媒体等の記載若しくは記録について、又は営業秘密が化体された物件について、その複製を作成すること。

ハ　営業秘密記録媒体等の記載又は記録であって、消去すべきものを消去せず、かつ、当該記載又は記録を消去したように仮装すること。

四　営業秘密を保有者から示された者であって、その営業秘密の管理に係る任務に背いて前号イからハまでに掲げる方法により領得した営業秘密を、不正の利益を得る目的で、又はその保有者に損害を加える目的で、その営業秘密の管理に係る任務に背き、使用し、又は開示した者

五　営業秘密を保有者から示されたその役員（理事、取締役、執行役、業務を執行する社員、監事若しくは監査役又はこれらに準ずる者をいう。次号において同じ。）又は従業者であって、不正の利益を得る目的で、又はその保有者に損害を加える目的で、その営業秘密の管理に係る任務に背き、その営業秘密を使用し、又は開示した者（前号に掲げる者を除く。）

六　営業秘密を保有者から示されたその役員又は従業者であった者であって、不正の利益を得る目的で、又はその保有者に損害を加える目的で、その在職中に、その営業秘密の管理に係る任務に背いてその営業秘密の開示の申込みをし、又はその営業秘密の使用若しくは開示について請託を受けて、その営業秘密をその職を退いた後に使用し、又は開示した者（第四号に掲げる者を除く。）

七　不正の利益を得る目的で、又はその保有者に損害を加える目的で、第二号若しくは前三号の罪又は第三項第二号の罪（第二号及び前三号の罪に当たる開示に係る部分に限る。）に当たる開示によって営業秘密を取得して、その営業秘密を使用し、又は開示した者

八　不正の利益を得る目的で，又はその保有者に損害を加える目的で，第二号若しくは第四号から前号までの罪又は第三項第二号の罪（第二号及び第四号から前号までの罪に当たる開示に係る部分に限る。）に当たる開示が介在したことを知って営業秘密を取得して，その営業秘密を使用し，又は開示した者

九　不正の利益を得る目的で，又はその保有者に損害を加える目的で，自己又は他人の第二号若しくは第四号から前号まで又は第三項第三号の罪に当たる行為（技術上の秘密を使用する行為に限る。以下この号及び次条第一項第二号において「違法使用行為」という。）により生じた物を譲渡し，引き渡し，譲渡若しくは引渡しのために展示し，輸出し，輸入し，又は電気通信回線を通じて提供した者（当該物が違法使用行為により生じた物であることの情を知らないで譲り受け，当該物を譲渡し，引き渡し，譲渡若しくは引渡しのために展示し，輸出し，輸入し，又は電気通信回線を通じて提供した者を除く。）……以下略……

第22条　①法人の代表者又は法人若しくは人の代理人，使用人その他の従業者が，その法人又は人の業務に関し，次の各号に掲げる規定の違反行為をしたときは，行為者を罰するほか，その法人に対して当該各号に定める罰金刑を，その人に対して各本条の罰金刑を科する。……中略……

二　前条第一項第一号，第二号，第七号，第八号若しくは第九号（同項第四号から第六号まで又は同条第三項第三号（同条第一項第四号から第六号までに係る部分に限る。）の罪に係る違法使用行為（以下この号及び第三項において「特定違法使用行為」という。）をした者が該当する場合を除く。）又は第四項（同条第一項第一号，第二号，第七号，第八号及び第九号（特定違法使用行為をした者が該当する場合を除く。）に係る部分に限る。）　五億円以下の罰金刑　……以下略……

（営業秘密の秘匿決定等）

第23条　①裁判所は，第二十一条第一項，第三項若しくは第四項の罪又は前条第一項（第三号を除く。）の罪に係る事件を取り扱う場合において，当該事件の被害者若しくは当該被害者の法定代理人又はこれらの者から委託を受けた弁護士から，当該事件に係る営業秘密を構成する情報の全部又は一部を特定させることとなる事項を公開の法廷で明らかにされたくない旨の申出があるときは，被告人又は弁護人の意見を聴き，相当と認めるときは，その範囲を定めて，当該事項を公開の法廷で明らかにしない旨の決定をすることができる。

……以下略……

（尋問等の制限）

第25条　①裁判長は，秘匿決定があった場合において，訴訟関係人のする尋問又は陳述が営業秘密構成情報特定事項にわたるときは，これを制限することにより，犯罪の証明に重大な支障を生ずるおそれがある場合又は被告人の防御に実質的な不利益を生ずるおそれがある場合を除く，当該尋問又は陳述を制限することができる。訴訟関係人の被告人に対する供述を求める行為についても，同様とする。……以下略……

9

知的財産権と情報処理

　前章で法制度と情報について解説したが，この章では，法律学のなかでも特に情報とかかわりの深い知的財産法について解説する。知的財産とは，一般に財産的価値のある情報をいい，その情報の種類や保護態様に応じて，著作権法や特許法などの個別の法律が存在している。これら個別の法律を総称して，知的財産法とよんでいる。この章では，知的財産法のうち，情報処理と直接関係する著作権法と特許法を中心に解説する。

9.1　知的財産法の概要

　知的財産法の中核となる法律として，特許法，著作権法，意匠法，商標法がある。特許法とは，「発明」とよばれる技術情報を保護する法律であり，著作権法は，「著作物」とよばれる表現を保護する法律である。意匠法は物品の「意匠」すなわちデザインを保護する法律であり，商標法は，商品・役務に使用する商標を保護する法律である。また，発明には至らないが価値ある技術情報として「考案」を保護する実用新案法，半導体集積回路の回路配置を保護する半導体集積回路配置保護法，植物の新品種創作を保護する種苗法なども知的財産法に分類される。

　これらの法律はいずれも有体物を保護するものではなく，発明などの情報すなわち**無体物**を保護する点で共通するほか，特許権や著作権のように特別な権利を付与する点においても共通する。

　これに対して，**不正競争防止法**(8.3 節参照)は，商品形態や営業秘密などの情報を保護するという点において共通することから知的財産法に分類される

表 9.1　知的財産法

	保護対象	発生する権利	登録	存 続 期 間
特 許 法	発明	特許権	必要	出願日から 20 年
実用新案法	考案	実用新案権	必要	出願日から 10 年
著作権法	著作物	著作権 著作者人格権	不要	著作者の死後から 50 年 （例外有り）
意 匠 法	意匠	意匠権	必要	出願日から 25 年
商 標 法	商標	商標権	必要	登録日から 10 年 （更新有り）
半導体集積回路 配置保護法	回路配置	回路配置利用権	必要	登録日から 10 年
種 苗 法	植物の新品種	育成者権	必要	木本植物：登録日から 30 年 木本植物以外：登録日 から 25 年
不正競争防止法	商品形態 営業秘密など	なし	不要	

が，権利を付与するのではなく，模倣行為等を規制するという方法によって，
その情報の保護を図ろうとしている点において，他の知的財産法とは異なる。

9.2　知的財産法の意義

　有体物(例えば，自転車)の場合，その物を他人が使っている間は，他の人が
その物を使うことができないし，その物を利用するためにはその物のある場所
にいる必要がある。このことは，その物の占有を管理することによって，その
物の利用をコントロールできることを意味する。

　これに対して，無体物である知的財産は情報であるから，一度公開されれ
ば，複数人が同時に場所的制約もなくその情報を利用することが可能となる。
仮に莫大な資金を投入して開発した新薬の情報であってもそれは同じである。
そのため，情報の創作者が情報をコントロールするには，情報を秘匿するとい
う方法がとられることになる。

しかし，情報の秘匿は，それを徹底するためには多大なコストがかかるほか，情報が共有されないことから，同業者等による重複開発を招き，社会経済にとって大きなマイナスとなる。また，情報が自由に利用できる状態であると，多大な費用をかけて自ら研究開発をするよりも，同業者の技術を模倣したほうがコストはかからないことは明らかである。そのため，この状態が継続すれば，やがて誰も研究開発を行わなくなってしまうおそれがある。

そこで，研究開発といった創作の**インセンティブ**を確保するとともに，情報の流通を促進し，産業や文化の発展に貢献することを目的として，知的財産法が制度化されたのである。

9.3 著作権と情報処理

著作権法は，著作物とよばれる「表現」を保護することを通じて，文化の発展に寄与することを目的とした法律である。この著作物には，音楽や写真のほかに，ソフトウェアやデータベースなども含まれる。

9.3.1 総　　論

著作権法は，著作物を保護するために，著作物の創作者(著作者)に著作権と著作者人格権を付与し，これらの権利が侵害された場合に，侵害行為をやめさせる差止請求(著作権法 112 条)や，侵害行為によって被った損害を賠償させる損害賠償請求(民法 709 条)を認めている。

以下では，著作物，著作者，著作者の権利について説明をし，その後，著作権制限について説明をする。

9.3.2 著 作 物

著作物とは，「思想又は感情を創作的に表現したものであって，文芸，学術，美術又は音楽の範囲に属するものをいう」(著作権法 2 条 1 項 1 号)と定義されている。さらに著作権法は，典型的な著作物の例として，言語の著作物，音楽の著作物，美術の著作物，映画の著作物，プログラムの著作物など合計 9 つを列挙している(同法 10 条 1 項各号)ほか，編集著作物やデータベースの著作物についても規定している。

┌─ **事例1：著作物の種類** ──────────────────────────

　店頭で販売されている音楽演奏ゲームソフトを例に著作物の種類を説明すると，
アプリケーションであるゲームソフトのプログラムは「プログラムの著作物」であ
り，説明書は「言語の著作物」である。また，ゲームの操作中に流れる BGM は
「音楽の著作物」であり，ゲーム映像は「映画の著作物」，ゲームソフトのパッケー
ジは「写真の著作物」あるいは「美術の著作物」となる。

　ゲーム映像が「映画の著作物」とされるのは日常用語として違和感があるかもし
れないが，著作権法は2条3項で，映画の著作物には「映画の効果に類似する視覚
的又は視聴覚的効果を生じさせる方法で表現され，かつ，物に固定されている著作
物を含むものとする」と規定されているのである。

──

9.3.3　著　作　者

　著作者とは，「著作物を創作する者」（著作権法2条1項2号）である。著作
者には，著作者の権利（著作権と著作者人格権）が原始的に帰属する（同法17条
1項）。それゆえ，誰が著作者であるかは著作権を巡る問題の出発点となるた
め，その認定基準が問題となる。

　この点，著作物は思想又は感情を創作的に表現したものであるから，著作者
の認定基準としては，その著作物に関して，① 創作を行ったか否か，② 表現
を行ったか否かの二点から判断するのが妥当である。この基準に照らすと，企
画やアイディアを提供しただけの者，資金を提供しただけの者は表現に関与し
ていないため，著作者とはならない。また，記事等の校閲のように補助的作業
だけを行った者は，表現に関与しているとしても，創作を行ったとは評価でき
ないため，著作者とはならない。

　1つの著作物について複数人が創作的表現に関与した場合，その著作物は**共
同著作物**といい，共同著作物の創作者は**共同著作者**という。共同著作物の著作
者人格権は共同著作者全員にそれぞれ帰属する。これに対して，共同著作物の
著作権は，共同著作者全員の共有となる。

　なお，法人等の従業者が職務として著作物を創作する場合，**職務著作**とさ
れ，この場合，著作者は創作をした従業者ではなく法人等になる（同法15
条）。著作者が法人等とされることから，著作者人格権と著作権も原始的に法
人等に帰属することになる。

事例2：職務著作

　ソフトウェア会社のゲームソフト開発部門の従業者であるプログラマら数名が，会社の指示を受け，チームで新しいゲームソフトを創作した場合，そのゲームソフトは職務著作と考えられ，そのチームのプログラマらが共同著作者となるのではなく，ソフトウェア会社が著作者となる。したがって，このゲームソフトの著作権と著作者人格権はソフトウェア会社に帰属する。

9.3.4　著作者の権利

（1）著作権と著作者人格権

　著作物が創作されると，著作者に著作権と著作者人格権が原始的に帰属する。これらの権利は，後述する特許権とは異なり，いかなる方式（手続き）も要することなく発生する（無方式主義。著作権法17条2項）。

　著作権は，著作物に関する財産的な利益を保護するための権利であり，**著作者人格権**は，著作物を創作した著作者の人格的な利益を保護する権利である。著作権は財産権なので，最初の権利者は著作者であるが，その後，これが譲渡等されることは当然あるし，著作権者が死亡すれば相続される。これに対して著作者人格権は，人格権なので著作者と切り離すことができない一身専属権で，譲渡することはできず，終始その権利者は著作者である（同法59条）。

　著作権の存続期間は，原則として創作時に始まり著作者の死亡後50年で終了する（同51条）。一方，著作者人格権は，著作者の死亡とともに終了する。

（2）著　作　権

　著作権といっても，そのような名称の具体的な権利はない。著作権法は，著作物の複製や演奏等といった著作物の主要な利用行為を，「複製権」「演奏権」等といった形で個別に権利として定めており，これらの権利の総称を著作権とよんでいる。

　以下では，情報処理とかかわりのある権利について説明する。

　①**複製権**　　**複製権**（同法21条）とは，著作物を複製する権利である。複製とは，「印刷，写真，複写，録音，録画その他の方法により有形的に再製すること」（同法2条1項15号）であると定義されており，複製手段に限定はない。「有形的に再製」とは，有体物に著作物を収録して反復して使用すること

が可能な状態にすることをいう。この複製行為を著作権者に無断で行うと，一定の場合を除き(9.3.5 項参照)，複製権侵害となる。

　著作物は無体物であるから，実際に著作物を社会に広めるためには，多くの複製物を作り，その複製物を使って伝達することが多い。小説であれば書籍の形に複製し，音楽の場合であれば CD に複製し，あるいは，配信データとしてサーバからパソコンやスマートフォンなどにダウンロード(複製)するといった手段を用いる。

事例 3 : コピーアンドペースト

　著作権(複製権)誕生の背景には，大量の印刷物を製作できる活版印刷の発明があったとされる。ただ，活版印刷を行うことができたのは，印刷機と印刷技術を有する事業者などに限られていた。しかし，デジタル機器の普及により，一般市民でも容易かつ大量の複製行為が可能となった。いわゆるコピーアンドペースト(コピペ)である。主にインターネット上にある他人の文章や画像等をコピーし，他の場所へ貼り付けるコピペは，著作権法 2 条 1 項 15 号「その他の方法により有形的に再製すること」に該当し，これを無断で行えば複製権侵害となる。また，コピペ先がブログや SNS であれば，後述の公衆送信権侵害にも該当する。それゆえ，例えば，大学の講義でだされた課題レポートを作成する際に，インターネットで課題と同じテーマを取り上げている A のブログをみつけ，その記述を，そのまま注もつけず，かつ，無断で自分のレポート内にコピペしたうえで，そのコピペした記述を含む課題レポートをプリントアウトして提出した場合，著作権法上は，複製権侵害が成立しうることになる。なお，複製権侵害行為は，それが営利を目的とした行為でなかったとしても，刑事罰(10 年以下の懲役若しくは 1000 万円以下の罰金)の対象となっている(同法 119 条 1 項。ただし同法 123 条 1 項により親告罪)。

---

　②著作物を伝達することに関する権利　　この分類の権利として，上演権・演奏権(同 22 条)，上映権(同法 22 条の 2)，公衆送信権等(同法 23 条)などがある。

　上演権・演奏権とは，著作物を公衆に向けて演じることによって，伝達をする権利である。演じる著作物が音楽の場合が演奏であり，それ以外は上演という。この上演・演奏には，著作物を録音・録画した CD や DVD 等を公衆に向けて再生等することも含まれる。

　著作物を，公に，映写幕やスクリーン等に映写する権利を**上映権**という。映写される著作物は，映画の他に写真やスライドのような静止画も含まれる。

　公衆送信等とは，公衆によって直接受信されることを目的としてなされる送信のことであり，放送，有線放送のほか，インターネットに接続されたサーバに著作物をアップロードする自動公衆送信も含まれる。通信カラオケや SNS に写真を投稿することがその例である。

　③二次的著作物の創作・利用に関する権利　既存の著作物を有形的に再製すれば複製となることは前述したが，これに対し，既存の著作物（原著作物）を翻訳や編曲，脚色など変形し，新たな著作物（二次的著作物）を創作することを**翻案**という。そして，この翻案をする権利を**翻案権**という（同法 27 条）。

　複製と翻案の違いは，新たな著作物が創作されるか否かという点にある。既存の著作物に加工等を加えたとしても，その加工によって新たな創作性が加わっていなければ，それは翻案ではなく単なる複製となる。また，既存の著作物に依拠して新たな著作物を創作したとしても，その新たな著作物にもとの著作物の本質的な特徴が感得できなくなっている場合は，それは翻案ではなく，まったく別の著作物を新たに創作したことになる。

　翻案によって創作された二次的著作物については，翻案を行った者が著作者となるが，この二次的著作物の利用については，原著作物の著作者（翻案権者）も，二次的著作物の著作者と同一の種類の権利を有する（同法 28 条）。

(3) 著作者人格権

　著作者人格権もそのような名前の具体的な権利があるわけではなく，著作者が有する公表権，氏名表示権，同一性保持権の 3 つを総称して著作者人格権とよんでいる。

　①公表権（同法 18 条）　公表権とは，未公表の著作物を公表する権利である。一度でも公表された著作物は公表権の対象とならない。

　②氏名表示権（同法 19 条）　氏名表示権とは，著作物の原作品あるいはその著作物の提供・提示に際して，著作者名として著作者の実名もしくは変名を表示させ，または表示しないこととする権利である。

　③同一性保持権（同法 20 条）　同一性保持権とは，著作物およびその題号の同一性を保持する権利で，著作者は，意に反してこれらの変更，切除その他の

改変を受けない利益を有する。たとえ改変によって，客観的に著作物の価値が上がったとしても，それが著作者の意に反しているのであれば，同一性保持権侵害となる。

同一性保持権侵害の例として，シミュレーションゲームについて，メモリーカードのデータを改変し，登場キャラクターのパラメータを上限に引き上げる等し，著作者が想定したゲームの進行と異なる状態にすることも，同一性保持権侵害にあたるとされたものがある。なお，プログラムの著作物については，デバッグやバージョンアップ等に関しては同一性保持権が制限されており，利用者は著作者の同意を得なくても，バグを修正したり，プログラムをコンピュータに適応するように改変したり，処理速度を向上させるための改変を加えることができる(同条2項3号)。

9.3.5 著作権の制限

著作権は，著作物の主要な利用行為を著作者の権利とすることにより，著作物およびその複製物について著作者のコントロールを及ぼすものであるが，その対象が広範であるため，かえって著作物の流通を阻害するおそれもある。

そこで，著作権法は，著作物の円滑な流通の確保と利用者の便宜のために，一定の場合，著作権を制限する規定を設けた。これが**著作権制限規定**である。この著作権制限規定に該当する行為については，著作権者は権利侵害を主張することができない。

以下で，情報処理と関連のある権利制限規定を説明する。

①**私的使用のための複製**(同法30条)　私的使用を目的とする複製は，一定の場合を除き，著作物を複製できる。私的使用とは，「個人的に又は家庭内その他これに準ずる限られた範囲内において使用すること」(同条1項)である。購入した CD を自分で視聴するためにポータブル音楽プレイヤーにダビングすることがこの例である。

なお，私的使用目的であっても，違法に自動公衆送信されたデジタル方式の録音・録画データ(動画サイトに著作権者に無断でアップロードされた音楽データ等)については，それが違法配信されたものであることを知りながらダウンロードすることは，私的使用のための複製にはあたらず違法な複製となる(同項3号)。

②**付随対象著作物の利用**（同法30条の2）　　写真の撮影・録音・録画・放送その他これらと同様に事物の影像・音を複製し，又は複製を伴うことなく伝達する行為（複製伝達行為）を行う際に，その対象とする事物・音に付随して対象となる事物・音に係る著作物（付随対象著作物）を，正当な範囲内において当該複製伝達行為に伴って，いずれの方法によるかを問わず，利用することができるとされている。いわゆる「写り込み」に対して著作権を制限する規定である。

事例4：付随対象著作物の利用

　友人と旅行した際，宿泊した旅館で記念に撮影した友人の写真の背景の一部に部屋に飾ってある絵画が写り込んでいる場合，その写真を SNS にアップロードすれば，理論上は絵画の著作権者の複製権あるいは公衆送信権を侵害することになる。

　しかし，このような場合にまで権利侵害としていたのでは，一般国民の自由な表現活動を阻害することになるため，写り込んでしまう著作物（付随対象著作物）が，その写真等において軽微な構成部分であり，その写真等を正当な範囲内で利用する場合は，著作権者の利益を不当に害することとならないことを条件に，著作権者の権利行使を制限している。この事例でも，友人を撮影した写真にとって，背景に写り込んでいる絵画は軽微な構成部分であり，この写真を SNS にアップロードすることは正当な範囲内の利用といえるので，著作権者の利益を不当に害することがない限り，複製権ないし公衆送信権を侵害することにはならないと考えられる。

---

③**情報機器の利用・情報通信の円滑化のための権利制限**　　情報・通信技術の飛躍的な向上により，著作物の活用の場は大きく広がったが，他方で，このような最新の技術による恩恵を国民が享受しようとする際に，複製権等の著作権を侵害する可能性も大きく広がった。そこで，国民が最新技術を享受しつつ，著作権者に与える影響も最小限になるようにすべく，情報分野に関連するいくつかの権利制限規定が設けられている。

　まず，プログラムの著作物の複製物の所有者は，プログラムをコンピュータで使用するうえで必要なインストールやバックアップ等の複製または翻案を行うことができる（同法47条の3，47条の6第1項6号）。この規定により，たとえば，ソースプログラムをオブジェクトプログラムに変換して利用する際に行われる複製は許されることになる。

　また，携帯電話やスマートフォン等の記録媒体内蔵複製機器に複製された著作物を，機器の修理等のために別の記録媒体に保存し，修理後にそれを戻す場

合に行われる複製行為等に対しては，複製権は及ばないほか(同法47条の4第2項1号・2号)，インターネットの通信障害等に備えて著作物のバックアップをとる行為等に対しても，複製権は及ばない(同法47条の4第2項3号)。

　さらに，インターネットの情報検索サービス事業者が，検索およびその結果の提供を行うために必要と認められる限度において，送信可能化された著作物について，記録媒体への記録，翻案および自動公衆送信(検索結果の表示)をすることについてもこれらの権利は及ばない(同法47条の5第1項1号)。

　また，情報解析分野の研究を円滑に行えるようにするために，コンピュータ等の電子計算機による情報解析を行うことを目的とする場合に，必要と認められる限度において，著作物の記録媒体への記録・翻案が許されており，権利者は権利行使できない(同法47条の5第1項2号)。ここでいう情報解析とは，多数の著作物その他の大量の情報から，当該情報を構成する言語，音，影像その他の要素に係る情報を抽出し，比較，分類その他の統計的な解析を行うことをいい，たとえば，多数のWebページに含まれる文字列の用いられ方を分析することがこれにあたる。

　加えて，コンピュータ等の電子計算機において，著作物をその複製物を用いて利用する際に，情報処理の過程においてメモリやハードディスク上で行われる情報の蓄積が，著作権法上の複製行為に該当するおそれがあったため，当該情報処理を円滑かつ効率的に行うために必要と認められる限度で，いずれの方法によるかを問わず，利用することができる旨が規定されている(同法47条の4第2項柱書)。この規定により，Webサイトに適法に掲載されている著作物をブラウザで閲覧する際に，キャッシュフォルダにデータが蓄積されることについては，複製権侵害とはならないことが明確になった。

　この他，情報通信技術を利用した情報提供の準備に必要な情報処理のための利用についても，著作権が制限されている(同法47条の5第2項)。インターネットを利用して情報を提供する場合に，その準備としてファイルの形式を汎用的なものに変更するなど，情報提供を円滑かつ効率的に行うために必要な情報処理が行われることがある。このような情報提供の準備のための情報処理については，必要と認められる限度で，記録媒体への記録・翻案を行うことが認められている。

9.4　特許と情報処理

　特許法は，「発明」とよばれる技術情報を保護する法律である。発明とは，「自然法則を利用した技術的思想の創作のうち高度なもの」と定義されている（特許法2条1項）。また，発明は，「物の発明」と「方法の発明」の二種類に分類され，さらに方法の発明は「(単純)方法の発明」と「物を生産する方法の発明」に分けられる（同2項，3項）。なお，プログラム等は「物」に含まれることが規定されている。

　以下では，特許法の基本構造として，発明要件，特許要件，発明者・職務発明，特許権について簡単に説明する。

9.4.1　発明要件

　発明とは，前述のとおり，自然法則を利用した技術的思想の創作のうち，高度なものである。自然法則とは，自然界において経験的に見いだされる法則性をもつ原理原則のことをいう。発明となるためには，自然法則を利用する必要があるため，数式や経済学上の法則それ自体は，自然法則を利用するものではないので，発明ではない。次に，技術的思想であるとされるために，当該技術分野における通常の知識と経験を有する者が反復実施可能な程度まで具体化客観化されたものであることが必要である。また，発明は創作であることが必要であるため，既存のものをみつけだす「発見」とは区別される。ただし，既存の物について未知の属性を発見し，この属性により，その物の新たな用途を見いだした場合は，その新たな用途について発明が成立しうる（用途発明）。

9.4.2　特許要件

　発明が成立すれば，直ちにその発明に特許権が付与されるわけではない。この点が，著作物が創作されれば直ちに著作者に著作者の権利が付与される著作権制度との違いである。特許法は，特許権を取得することを希望する者（特許出願人）に対して，その発明が特許権を付与するに相応しいか否か特許庁で審査されることを要求しており，この審査の際に用いられる要件が**特許要件**である。

　特許法は，特許要件として，産業上の利用可能性（特許法29条1項柱書），

新規性(同項各号)，進歩性(同法 29 条 2 項)，先願(同法 39 条)，拡大先願(同法 29 条の 2)を定めている。ここでは，特許要件のうち，新規性，進歩性，先願について説明する。

(1) 新 規 性

特許法は，発明を奨励するため，発明を公開する代償として，その発明に係る技術を独占的に利用する権利である特許権を付与する制度である。そのため，出願された発明がすでに公開されている技術であるならば，特許権を与えることの見返りがない。むしろ，このような技術に独占権を付与することは産業の発展を阻害することになる。

そこで，特許権が付与される発明であるためには，特許出願前に日本国内または外国において，①「公然知られた発明」(同法 29 条 1 項 1 号)，②「公然実施された発明」(同項 2 号)，③「頒布された刊行物に記載された発明又は電気通信回線を通じて公衆に利用可能となった発明」(同項 3 号)に該当しないことが要求されており，これを新規性という。

①および②にいう「公然」とは，発明が秘密状態を脱したことを意味し，具体的には，守秘義務を負わない者が発明の内容を知ったことをいう。守秘義務は，特許庁の職員や弁理士のように法令によって負う場合もあれば，秘密保持契約といった契約で発生することもあるほか，法令や契約ではなく，社会通念または商慣習上，黙示的に生じる場合もあるとされている。

発明の内容を知っているものが大勢いても，全員が守秘義務を負っていれば公然とはならず，反対に，一人でも守秘義務を負わない者が発明の内容を知ったのであれば，その時点で公然となる。このように，新規性の要件は，非常に厳格であるため，たとえ，莫大な資金を投入して完成した発明であっても，一度のミスで，特許権を取得できなくなるということも起こりうる。また，大学の研究者などは特許出願よりも研究論文や学会発表を優先するため，いかにすばらしい発明であっても，新規性を喪失してしまうことが少なくない。しかし，これでは，発明を奨励し，産業の発展に寄与することを目的とする特許法の目的に反する結果にもなりかねない。

そこで，特許法は，新規性について，①特許を受ける権利を有する者の「意に反して」公知となった発明(同法 30 条 1 項)，②特許を受ける権利を有

する者の「行為に起因して」公知となった発明(同条2項)については，公知になった日から1年以内にその者が所定の手続を経て出願をすれば，公知ではないものとみなすとの規定を設けた。これを**新規性喪失の例外**という。

(2) 進 歩 性

　進歩性とは，特許出願前に，その発明の属する技術分野における通常の知識を有する者(当業者)が，公知技術に基づいて容易に発明をすることができないことをいう。出願された発明が，たとえ新規のものであったとしても，公知技術に基づいて当業者が容易に想到できるものであれば，公開の代償として，この発明に特許権を付与するメリットはないからである。

> **事例5：数値限定発明**
>
> 　摂氏300度から800度の温度で物質Aと物質Bを混合すると，反応生成物Cを得られるという先行発明があった場合，摂氏500度で混合することが最適であることを見いだしたとしても，これは，通常の当業者であれば容易に想到しうると考えられ，進歩性は否定される。しかし，限定した摂氏500度という温度による混合が，① 先行発明を記載した文献に具体的に開示されていない有用な効果であって，② 先行発明が有する効果とは異なる効果，または同質であるが顕著な効果を有し，これが当業者の予測を上回るものであったと評価される場合は，進歩性が肯定される。

(3) 先　　願

　同一の発明を，複数の者がお互いに独立して完成させた場合，先に出願をした者のみが特許を受けることができる(同法39条)。このように，先に発明を完成させた者ではなく，先に出願した者に特許を付与する制度を，**先願主義**という。発明の先後よりも，出願の先後のほうが基準として明確であることや，早く出願されれば，その分発明が早く公開されることになるため，産業の発展にも資すると考えられる。

9.4.3　発明者・職務発明

　特許権は，特許出願をした者のみに付与されることはすでにみた。そして，特許出願をすることができるは，「**特許を受ける権利**」とよばれる権利を有す

る者のみであり(同法 49 条 7 号),この特許を受ける権利は移転をすることができるが(同法 33 条 1 項),最初に特許を受ける権利を有する者は,発明者である。

ただ,発明者といっても現代の発明の多くは,個人発明家によるものではなく,企業等(使用者)の従業者によってなされている。いわゆる**職務発明**(同法 35 条)である。職務発明とは,従業者がした発明であって,その性質上使用者の業務範囲に属する発明であり,かつ,発明に至った行為が使用者における従業者の現在または過去の職務に属するものである。

そして,職務発明であると,① 使用者はその発明について無償で実施することができ,② 使用者は事前の契約等において,特許を受ける権利を取得すること等を定めることができる。また,③ 権利を使用者に取得させる等した従業者は,使用者に対して,「相当の利益」を請求することが可能となる。

①の「実施」とは,その発明を用いた物の生産,使用,譲渡,輸出,輸入などをいい,本来,特許権者が独占的に行うことができる行為のことである。つまり,使用者である会社は,従業者のした職務発明については,その従業者の許諾を得ることなく,無償で実施できることになる。

また②で,使用者は職務発明について,契約や勤務規則などで,あらかじめ使用者に特許を受ける権利を取得させることを定めることができるため,勤務規則等で定めておけば,職務発明について,①の無償の実施権のみならず,特許を受ける権利も取得することが可能となる。

③の従業者が請求できる「相当の利益」とは,契約や勤務規則で算定方法等が決まっており,それが不合理でなければ,その基準によることになる。算定方法等の定めが存在しない場合や算定方法の定めが不合理であると判断された場合は,裁判所が相当の利益を認定することになる。この裁判所の認定では,「その発明により使用者等が受けるべき利益の額,その発明に関連して使用者等が行う負担,貢献及び従業者等の処遇その他の事情を考慮して」判断される(同条 7 項)。

9.4.4　特許権の内容

特許権は,特許発明を独占的に実施することができる権利である。権利の存続期間は,原則として出願日から 20 年である。

特許権者自身が特許発明を実施することを自己実施という。他人が無断で特許発明を実施している場合，特許権者は，その者に対して，差止請求（同法100条）をすることができるほか，損害賠償請求（民法709条）もできる。

また，特許権者は，特許発明の実施を他人に許諾することができる。一般に特許ライセンスとよばれるものである。この実施許諾は，許諾した相手が，独占的な実施（この場合，特許権者自身も実施できなくなる）をすることができるようにする**専用実施権**と，そのような独占的な実施ではなく，単に許諾を受けた者に対して，特許権者が差止請求等を行わないことを約束する**通常実施権**の2種類がある。専用実施権は，特許権と同様の独占的な権利であるから，その設定には特許原簿への登録が必要で，登録がされなければその効力は生じない（特許法98条1項2号）。これに対して，通常実施権は，特許権者と通常実施権者との間の契約上の権利にすぎず，独占的な実施権ではないので，特許原簿への登録がなくてもその効力は生じる。

参 考 文 献

茶園成樹編，知的財産法入門〔第2版〕，有斐閣（2017）

参 照 条 文

著 作 権 法

（目的）

第1条 この法律は，著作物並びに実演，レコード，放送及び有線放送に関し著作者の権利及びこれに隣接する権利を定め，これらの文化的所産の公正な利用に留意しつつ，著作者等の権利の保護を図り，もって文化の発展に寄与することを目的とする。

（定義）

第2条 ①この法律において，次の各号に掲げる用語の意義は，当該各号に定めるところによる。

一　著作物　思想又は感情を創作的に表現したものであつて，文芸，学術，美術又は音楽の範囲に属するものをいう。

二　著作者　著作物を創作する者をいう。

＜三号から七号まで省略＞

七の2　公衆送信　公衆によって直接受信されることを目的として無線通信又は有線電気通信の送信（電気通信設備で，その一の部分の設置の場所が他の部分の設置の場所と同一の構内（その構内が二以上の者の占有に属している場合には，同一の者の占有に属する区域内）にあるものによる送信（プログラムの著作物の送信を除く。）を除く。）を行うことをいう。

＜八号から九号の3まで省略＞

九の4　自動公衆送信　公衆送信のうち，公衆からの求めに応じ自動的に行うもの（放送又は有線放送に該当するものを除く。）をいう。

九の5　送信可能化　次のいずれかに掲げる行為により自動公衆送信し得るようにすることをいう。

イ　公衆の用に供されている電気通信回線に接続している自動公衆送信装置（公衆の用に供する電気通信回線に接続することにより，その記録媒体のうち自動公衆送信の用に供する部分（以下この号及び第47条の5第1項第一号において「公衆送信用記録媒体」という。）に記録され，又は当該装置に入力される情報を自動公衆送信する機能を有する装置をいう。以下同じ。）の公衆送信用記録媒体に情報を記録し，情報が記録された記録媒体を当該自動公衆送信装置の公衆送信用記録媒体として加え，若しくは情報が記録された記録媒体を当該自動公衆送信装置の公衆送信用記録媒体に変換し，又は当該自動公衆送信装置に情報を入力すること。

ロ　その公衆送信用記録媒体に情報が記録され，又は当該自動公衆送信装置に情報が入力されている自動公衆送信装置について，公衆の用に供されている電気通信回線への接続（配線，自動公衆送信装置の始動，送受信用プログラムの起動その他の一連の行為により行われる場合には，当該一連の行為のうち最後のものをいう。）を行うこと。

十　（略）

十の2　プログラム　電子計算機を機能させて一の結果を得ることができるようにこれに対する指令を組み合わせたものとして表現したものをいう。

十の3　データベース　論文，数値，図形その他の情報の集合物であって，それらの情報を電子計算機を用いて検索することができるように体系的に構成したものをいう。

＜以下省略＞

（著作物の例示）

第10条 ①この法律にいう著作物を例示すると，おおむね次のとおりである。

一　小説，脚本，論文，講演その他の言語の著作物

二　音楽の著作物

三　舞踊又は無言劇の著作物

四　絵画，版画，彫刻その他の美術の著作物

五　建築の著作物

六　地図又は学術的な性質を有する図面，図表，模型その他の図形の著作物

七　映画の著作物

八　写真の著作物

九　プログラムの著作物

②（略）

③第一項第九号に掲げる著作物に対するこの法律による保護は，その著作物を作成するために用いるプログラム言語，規約及び解法に及ばない。この場合において，これらの用語の意義は，次の各号に定めるところによる。

一　プログラム言語　プログラムを表現する手段としての文字その他の記号及びその体系をいう。

二　規約　特定のプログラムにおける前号のプログラム言語の用法についての特別の約束をいう。

三　解法　プログラムにおける電子計算機に対する指令の組合せの方法をいう。

（職務上作成する著作物の著作者）

第15条 ①法人その他使用者（以下この条において「法人等」という。）の発意に基づきその法人等の業務に従事する者が職務上作成する著作物（プログラムの著作物を除く。）で，その法人等が自己の著作の名義の下に公表するものの著作者は，その作成の時における契約，勤務規則その他に別段の定めがない限り，その法人等とする。

②法人等の発意に基づきその法人等の業務に従事する者が職務上作成するプログラムの著作物の著作者は，その作成の時における契約，勤務規則その他に別段の定めがない限り，その法人等とする。

特 許 法

（目的）

第1条 この法律は，発明の保護及び利用を図ることにより，発明を奨励し，もって産業の発達に寄与することを目的とする。

（定義）

第2条 ①この法律で「発明」とは，自然法則を利用した技術的思想の創作のうち高度のものをいう。

②この法律で「特許発明」とは，特許を受けている発明をいう。

③この法律で発明について「実施」とは，次に掲げる行為をいう。

　一　物（プログラム等を含む。以下同じ。）の発明にあっては，その物の生産，使用，譲渡等（譲渡及び貸渡しをいい，その物がプログラム等である場合には，電気通信回線を通じた提供を含む。以下同じ。），輸出若しくは輸入又は譲渡等の申出（譲渡等のための展示を含む。以下同じ。）をする行為

　二　方法の発明にあっては，その方法の使用をする行為

　三　物を生産する方法の発明にあっては，前号に掲げるもののほか，その方法により生産した物の使用，譲渡等，輸出若しくは輸入又は譲渡等の申出をする行為

　四　この法律で「プログラム等」とは，プログラム（電子計算機に対する指令であって，一の結果を得ることができるように組み合わされたものをいう。以下この項において同じ。）その他電子計算機による処理の用に供する情報であってプログラムに準ずるものをいう。

（特許の要件）

第29条 ①産業上利用することができる発明をした者は，次に掲げる発明を除き，その発明について特許を受けることができる。

　一　特許出願前に日本国内又は外国において公然知られた発明

　二　特許出願前に日本国内又は外国において公然実施をされた発明

　三　特許出願前に日本国内又は外国において，頒布された刊行物に記載された発明又は電気通信回線を通じて公衆に利用可能となった発明

②特許出願前にその発明の属する技術の分野における通常の知識を有する者が前項各号に掲げる発明に基いて容易に発明をすることができたときは，その発明については，同項の規定にかかわらず，特許を受けることができない。

（発明の新規性の喪失の例外）

第30条 ①特許を受ける権利を有する者の意に反して第29条第1項各号のいずれかに該当するに至った発明は，その該当するに至った日から一年以内にその者がした特許出願に係る発明についての同項及び同条第2項の規定の適用については，同項第1項各号のいずれかに該当するに至らなかったものとみなす。

②特許を受ける権利を有する者の行為に起因して第29条第1項各号のいずれかに該当するに至った発明（発明，実用新案，意匠又は商標に関する公報に掲載されたことにより同項各号のいずれかに該当するに至ったものを除く。）も，その該当するに至った日から一年以内にその者がした特許出願に係る発明についての同項及び同条第2項の規定の適用については，前項と同様とする。

＜以下省略＞

（職務発明）

第35条 ①使用者，法人，国又は地方公共団体（以下「使用者等」という。）は，従業者，法人の役員，国家公務員又は地方公務員（以下「従業者等」という。）がその性質上当該使用者等の業務範囲に属し，かつ，その発明をするに至った行為がその使用者等における従業者等の現在又は過去の職務に属する発明（以下「職務発明」という。）について特許を受けたとき，又は職務発明について特許を受ける権利を承継した者がその発明について特許を受けたときは，その特許権について通常実施権を有する。

②従業者等がした発明については，その発明が職務発明である場合を除き，あらかじめ，使用者等に特許を受ける権利を取得させ，使用者等に特許権を承継させ，又は使用者等のため仮専用実施権若しくは専用実施権を設定することを定めた契約，勤務規則その他の定めの条項は，無効とする。

③従業者等がした職務発明については，契約，勤務規則その他の定めにおいてあらかじめ使用者等に特許を受ける権利を取得させることを定めたときは，その特許を受ける権利は，その発生した時から当該使用者等に帰属する。

④従業者等は，契約，勤務規則その他の定めにより職務発明について使用者等に特許を受ける権利を取得させ，使用者等に特許権を承継させ，若しくは使用者等のため専用実施権を設定したとき，又は契約，勤務規則その他の定めにより職務発明について使用者等のため仮専用実施権を設定した場合において，第34条の2第2項の規定により専用実施権が設定されたものとみなされたときは，相当の金銭その他の経済上の利益（次項及び第7項において「相当の利益」という。）を受ける権利を有する。

⑤契約，勤務規則その他の定めにおいて相当の利益について定める場合には，相当の利益の内容を決定するための基準の策定に際して使用者等と従業者等との間で行われる協議の状況，策定された当該基準の開示の状況，相当の利益の内容の決定について行われる従業者等からの意見の聴取の状況等を考慮して，その定めたところにより相当の利益を与えることが不合理であると認められるものであつてはならない。

⑥経済産業大臣は，発明を奨励するため，産業構造審議会の意見を聴いて，前項の規定により考慮すべき状況等に関する事項について指針を定め，これを公表するものとする。

⑦相当の利益についての定めがない場合又はその定めたところにより相当の利益を与えることが第5項の規定により不合理であると認められる場合には，第4項の規定により受けるべき相当の利益の内容は，その発明により使用者等が受けるべき利益の額，その発明に関連して使用者等が行う負担，貢献及び従業者等の処遇その他の事情を考慮して定めなければならない。

索　引

編著者略歴

榎 原 博 之
え ばら ひろ ゆき

1987年　大阪大学大学院工学研究科博士
　　　　後期課程修了
現　在　関西大学システム理工学部教授
　　　　工学博士

2009 年　3 月 25 日　初　版　発　行
2018 年　3 月 30 日　改 訂 版 発 行
2023 年　3 月 24 日　改訂第 5 刷発行

基礎から学ぶ　情　報　処　理

編著者　榎 原 博 之
発行者　山 本　格

発行所　株式会社　培　風　館
東京都千代田区九段南4-3-12・郵便番号 102-8260
電　話(03)3262-5256(代表)・振　替 00140-7-44725

港北メディアサービス・牧 製本

PRINTED IN JAPAN

ISBN 978-4-563-01600-5　C3004